AF552040

EINTRACHT FRANKFURT
Wie geht das?
J.P. BACHEM VERLAG

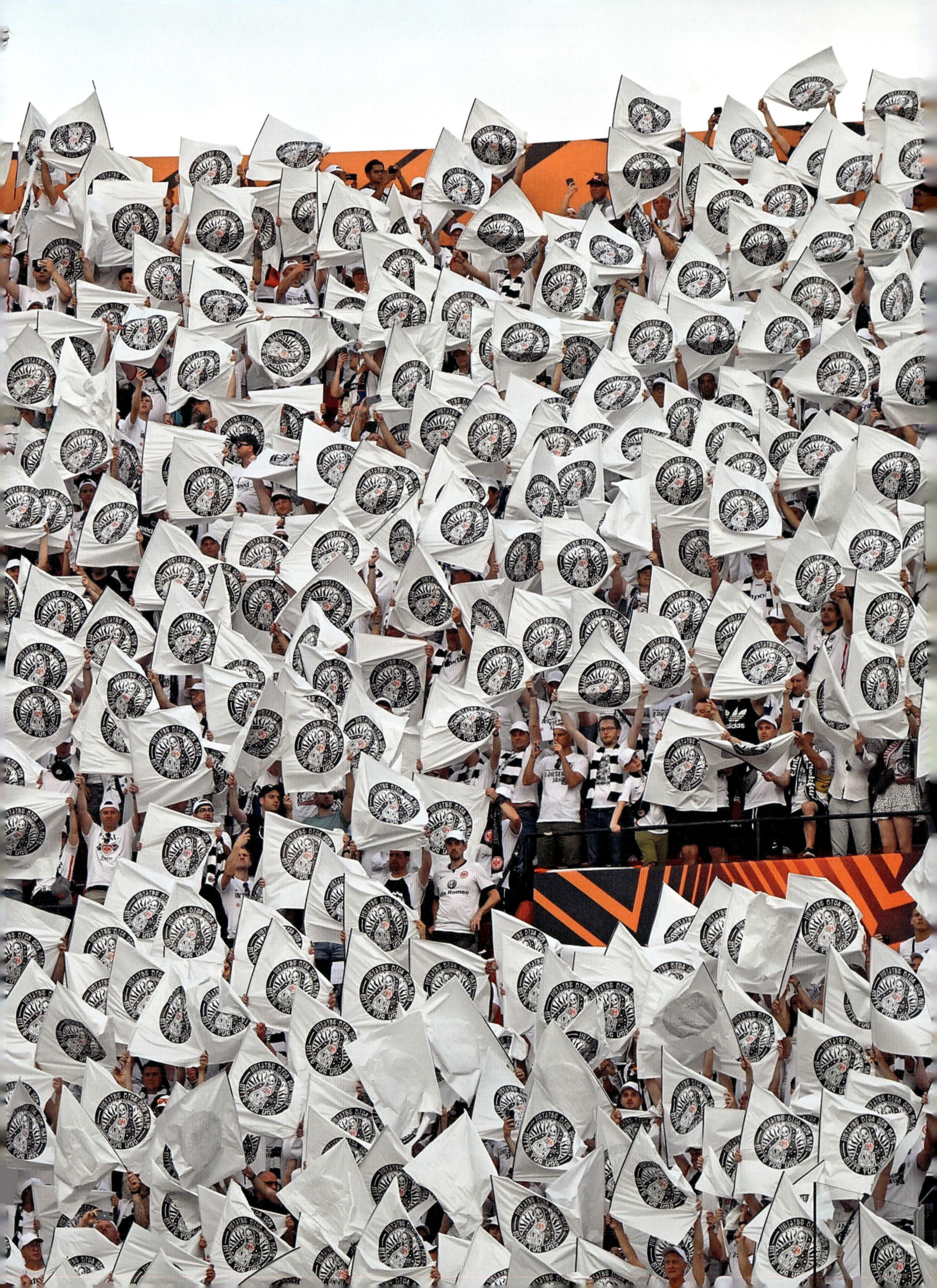

Lieber Eintracht-Fan,

gute Wahl, Du hast Dir einen richtig coolen Club als Lieblingsverein ausgesucht. Vielleicht hat Dir ja das tolle Vereinswappen der Eintracht am besten gefallen oder die schönen Trikots? Oder die Fans, die den Deutsche Bank Park bei jedem Spiel in einen Hexenkessel verwandeln? Vermutlich war es vor allem die Mannschaft, die immer wieder mit spektakulären Siegen für Freude sorgt – und jüngst sogar den Europapokal gewonnen hat. Egal was Dich für die Eintracht begeistert hat, Du bist beim richtigen Verein gelandet!

Als Eintracht-Fan muss man vieles wissen, um richtig mitreden zu können. Dafür haben wir dieses Buch zusammengestellt. Es ist vollgepackt mit Zahlen zum Staunen, Geschichten über Profis, Talente, Erfolge und Fans. Du erfährst, wie die Jugendmannschaften der Eintracht trainieren und wo „Im Herzen von Europa" liegt. Du findest auf den folgenden Seiten alle großen Erfolge, die die Eintracht schon gefeiert hat, und Du lernst die spannendsten Orte im Stadion kennen – auch solche, die den vielen Fans normalerweise verschlossen bleiben. Und Du erfährst Außergewöhnliches: Wusstest Du zum Beispiel, dass der Jubel im Stadion nach einem Eintracht-Tor genauso laut ist wie ein startendes Flugzeug? Oder wusstest Du, dass der erste Frankfurter Fußballverein noch älter als die Eintracht ist?

Wir wünschen Dir viel Spaß mit den Geschichten rund um Deinen Lieblingsverein. Und wir freuen uns, wenn Du die Eintracht demnächst einmal besuchen kommst.

Herzliche Grüße
Matthias, Philipp und Tin-Kwai

Das ist Michael. Er ist Illustrator und zeichnet am liebsten Adler.

PS: Vielleicht hast Du ja Lust, beim Kids Club von Eintracht Frankfurt, den Junior Adlern, mitzumachen! Mit denen kannst Du tolle Sachen erleben und sogar im Museum im Stadion übernachten.

INHALT

DAS IST EINTRACHT FRANKFURT

Wer hat den **Fußball erfunden?**

Warum ist Schnee in Frankfurt **schwarz-weiß?**

Was passiert am **Riederwald?**

Wie groß ist der größte **Pokal der SGE?**

Fußball und mehr

Klar, bei der Eintracht denkst Du sofort an Fußball. Aber wusstest Du, dass Du hier insgesamt über 50 Sportarten betreiben kannst – unter anderem Turnen, Rugby und sogar Bobsport? Die Abteilungen trainieren über die ganze Stadt verteilt, sodass Du die Eintracht überall in Frankfurt findest.

In Nied gibt es den **Standort West**, der aus der großen Niddahalle und der Niddakampfbahn besteht.

Die ursprüngliche Heimat des Vereins ist der **Riederwald**. Hier befinden sich heute die **Geschäftsstelle** und das **Nachwuchsleistungszentrum**. Alle Jugendmannschaften trainieren am Riederwald. Außerdem ist hier die **Trainings- und Wettkampfstätte der Tennis- und Hockeyspieler.** Wenn Du das Hauptfeld am Riederwald betrachtest, fallen Dir bestimmt die riesigen **Wälle** auf. Vor vielen Jahren hatte die Eintracht am Riederwald ihr Stadion und die Wälle dienten damals als Stehtribünen.

Das Zuhause der Profifußballer der Eintracht ist der **Deutsche Bank Park**, das ehemalige Waldstadion. Hier sind noch mal ganz viele Trainingsplätze und eine Geschäftsstelle. Im Stadion findest Du auch einen **Fanshop** und das Museum der Eintracht.
Kleiner Tipp: Im **Eintracht Frankfurt Museum** kannst Du die schönsten Kindergeburtstage in ganz Frankfurt feiern!

Direkt am Stadion wurde 2021 das neue ProfiCamp der Eintracht eingeweiht. In dem großen Gebäude haben die Spieler ihre Umkleidekabine, Trainingsräume, Ruheräume, ein Kino für die Videoanalyse und ein großes Fitnessstudio. Außerdem gibt es Platz für die vielen anderen Mitarbeiter. Die Straße zum ProfiCamp hat den schönsten Straßennamen Deutschlands: Im Herzen von Europa.

Geturnt wird bei der Eintracht in der Sporthalle im **Oeder Weg**. Die Turngemeinde gibt es schon länger als die Fußballer, nämlich seit 1861. In der 1884 gebauten Halle meistern die Turner nicht nur ihre Kunststücke am Boden, Reck oder Barren, hier gibt es auch ein gemütliches Restaurant – und im Keller sogar eine Kegelbahn.

In der Nähe des **Rebstockbads** haben die **Eisstockschützen** für den Sommerspielbetrieb eine eigene Anlage gebaut. Im Winter teilen sie sich mit den **Curlern** die Eissporthalle. Die Eintracht hat sogar Curler, die bei den Paralympics am Start waren.

Die **Eishockeycracks** trainieren und spielen in der **Eissporthalle** in Bornheim, ganz in der Nähe vom Riederwald.

Die **Eintracht Frauen** trainieren und spielen im Stadion am **Brentanobad** in Rödelheim. Das Stadion hat 5.800 Plätze. Bei großen Spielen wechseln die Frauen manchmal auch in den Deutsche Bank Park.

Exotisch

Hockey, Leichtathletik, Turnen, Tennis, Basketball, Eishockey, Volleyball und Triathlon gehören zu den größten Abteilungen der Eintracht. Aber auch Fun- und andere Sportarten kommen nicht zu kurz. Capoeira zum Beispiel – eine brasilianische Kampfkunst. Oder Wing Chun, ein südchinesischer Kung-Fu-Stil. Qi-Boxing mit seinen Yoga-Elementen gehört zu den modernen Kampfsportarten. Aroha ist ein Mix aus kraftvollen und entspannenden Bewegungen. Temporeich geht es beim Rope Skipping zu, einer Sportart mit Springseilen, bei der verschiedene Sprünge und Turnkunststücke eingeübt werden.

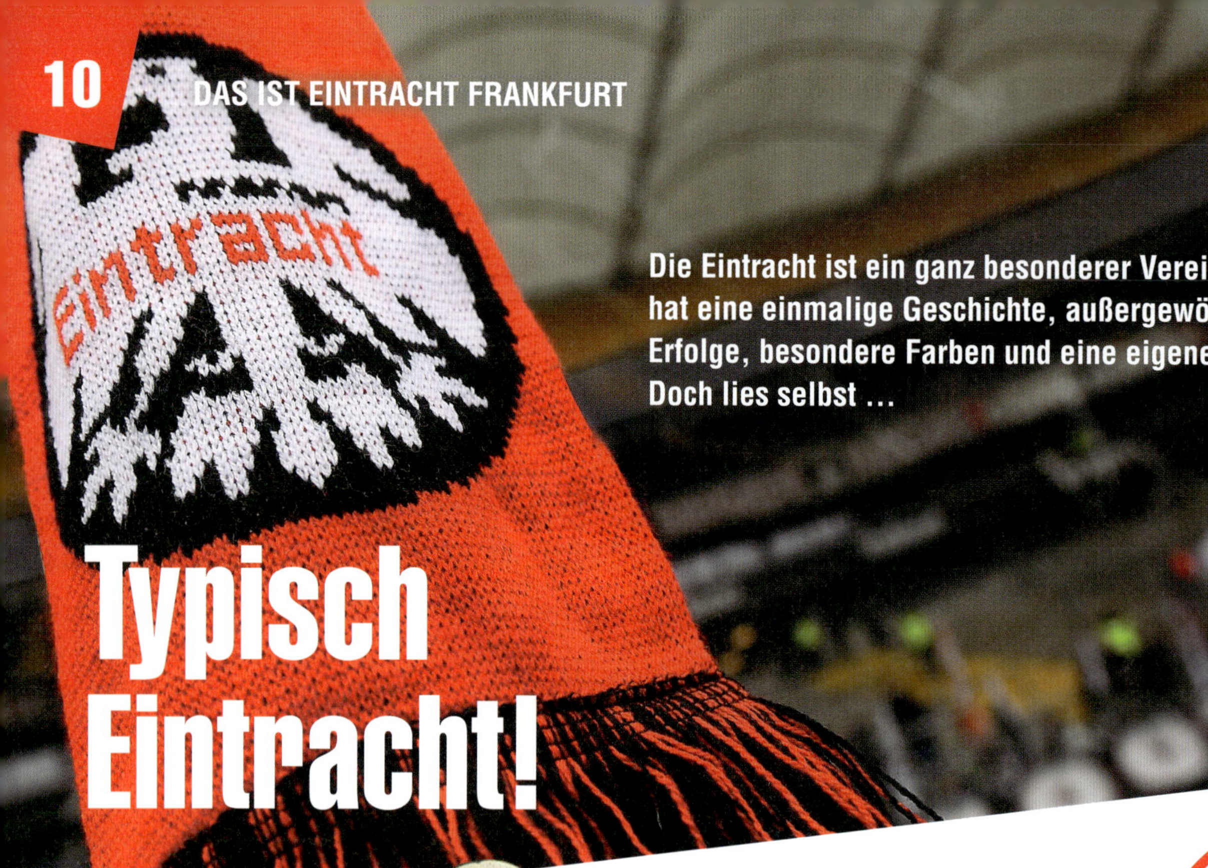

Die Eintracht ist ein ganz besonderer Verein. Die SGE hat eine einmalige Geschichte, außergewöhnliche Erfolge, besondere Farben und eine eigene Hymne. Doch lies selbst …

Typisch Eintracht!

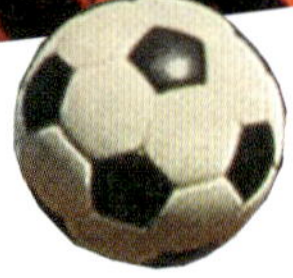

Groß!

Die Eintracht ist der größte Sportverein Hessens und einer der größten Vereine Deutschlands. Im Sommer 2023 zählte die Eintracht bereits über 130.000 Mitglieder und der Verein wächst stetig weiter. Wenn der Verein alle Mitglieder gleichzeitig einladen würde, wäre das Stadion ausverkauft – und mehr als die Hälfte der Mitglieder müsste sogar draußen bleiben. Die Eintracht-Familie ist damit so groß wie eine richtige Großstadt.

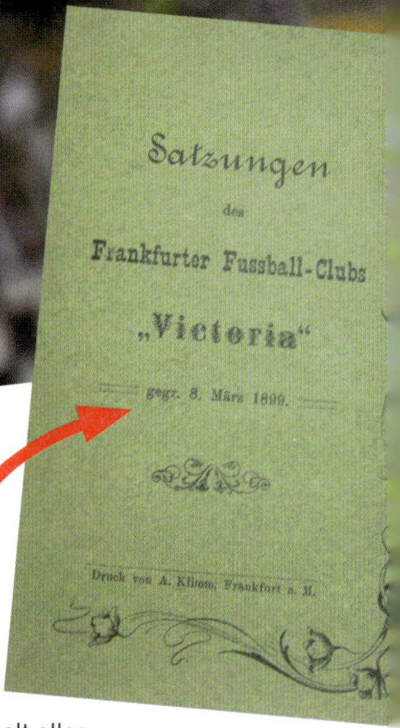

Satzungen
des
Frankfurter Fussball-Clubs
„Victoria"
gegr. 8. März 1899.

Druck von A. Klimm, Frankfurt a. M.

Wichtig!

Das bedeutsamste Schriftstück eines Vereins ist seine Satzung. Sie regelt alles, was wichtig ist – zum Beispiel die Vereinsfarben. Und die sind Rot, Schwarz und Weiß. Das wurde schon 1899 so festgelegt. Damals gab es in Deutschland noch einen Kaiser und die Landesfarben waren nicht Schwarz, Rot und Gold, sondern Schwarz, Weiß und Rot. Man vermutet, dass die Vereinsfarben damals ein Treuebekenntnis zum Kaiserreich waren. In ihrer Geschichte hat die Eintracht ganz oft in schwarz-rot-gestreiften Trikots gespielt. Die großen Erfolge feierte sie aber fast immer in Schwarz-Weiß.

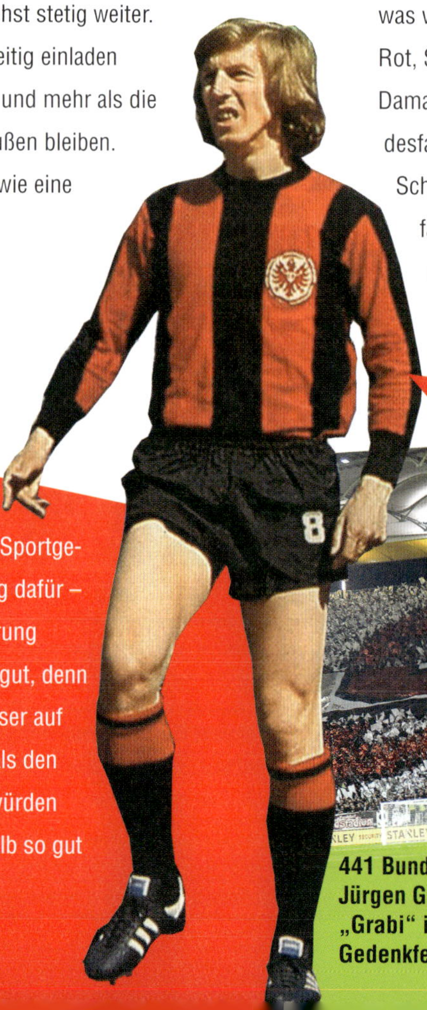

Kurz und gut!

Vor 1969 hieß Eintracht Frankfurt noch Sportgemeinde Eintracht. SGE ist die Abkürzung dafür – und die ist auch nach der Namensänderung einfach geblieben. Den Fans gefällt das gut, denn die drei Buchstaben können sie viel besser auf Mützen, Schals und Fahnen festhalten als den vollen Namen. Und: Viele Fangesänge würden mit dem langen Wort „Eintracht" nur halb so gut funktionieren!

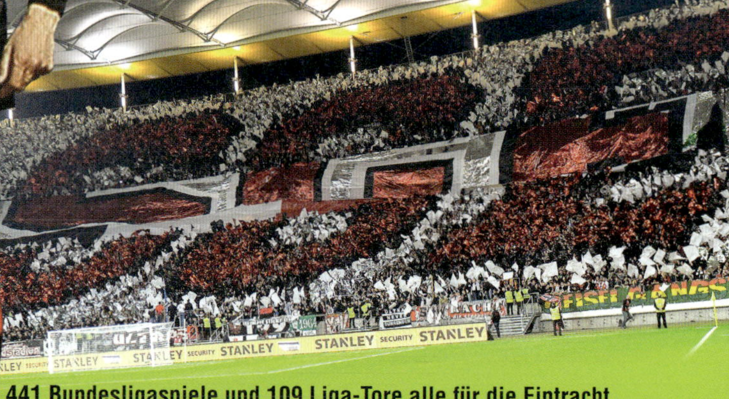

441 Bundesligaspiele und 109 Liga-Tore alle für die Eintracht. Jürgen Grabowski ist eine Legende bei Eintracht Frankfurt. Als „Grabi" im Frühjahr 2022 verstarb, gab es im Stadion eine Gedenkfeier mit vielen traurigen Gästen.

Erfolgreich!

1936 gewann mit **TILLY FLEISCHER** die erste Eintrachtlerin eine Goldmedaille bei Olympischen Spielen. Sie holte sich die Medaille in Berlin im Speerwerfen, nachdem sie vier Jahre zuvor bereits Bronze in ihrer Disziplin gewonnen hatte. Seitdem haben viele Eintrachtler auch außerhalb des Fußballs große Erfolge gefeiert. Die Hockeydamen gewannen 1990 den Europapokal der Pokalsieger, die Tischtennisfrauen feierten Ende der 1940er- und in den 1950er-Jahren sieben Mal die deutsche Meisterschaft. Zu den besonders erfolgreichen Eintracht-Frauen gehört natürlich **BETTY HEIDLER**. Sie hielt neben ihren zahlreichen bei EM, WM und Olympia gewonnenen Medaillen von Mai 2011 bis August 2014 sogar den Weltrekord im Hammerwurf. Zuletzt gewann Katharina Steinruck bei der Marathon-Europameisterschaft die Goldmedaille im Teamwettbewerb. Und nicht zu vergessen: Die Cheerleaderinnen der Eintracht waren bereits mehrfach deutscher Meister und in der Mannschaft der Tischfußballer stehen sogar Weltmeister.

TILLY FLEISCHER

BETTY HEIDLER

United Colors of Frankfurt!

In Frankfurt leben Menschen aus über 170 verschiedenen Ländern. Die Eintracht und ihre Fans sind sehr stolz auf diese Offenheit. Allen ist wichtig, dass bei der Eintracht jeder willkommen ist. Die Fanszene der SGE hat daher vor vielen Jahren das Motto „United Colors of Frankfurt" ins Leben gerufen. In der Saison 2017/18 war es wieder einmal Zeit, ein solches gemeinsames Ausrufezeichen zu setzen. Das Motto der Fans stand beim Heimspiel gegen Hoffenheim im April 2018 auf Tausenden Shirts und einer beeindruckenden Choreografie: „Eintracht lebt von Vielfalt". Die Spieler trugen Trikots mit dem eigenen United Colors of Frankfurt-Motiv.

UNITED COLORS OF FRANKFURT
EINTRACHT LEBT VON VIELFALT

„Im Herzen von Europa"

Vor dem Spiel erklingt im Stadion seit fast 30 Jahren das Lied „Im Herzen von Europa", die Vereinshymne der Eintracht. Sie wurde vor langer Zeit von Heinz Böcher und Kurt Westphal geschrieben, die sie mit ihrem Frankfurter Polizeichor gleich zum Besten gaben. Ende der 1990er-Jahre lief das Stück zufällig über die Stadionlautsprecher. Schnell schlossen die Eintracht-Fans die musikalische Liebeserklärung in ihre Herzen. Heute ist sie untrennbar mit Eintracht Frankfurt verbunden. Den Text findest Du im Buchdeckel.

WELTMEISTERWISSEN

Neben „Im Herzen von Europa" ist vor allem das Lied „Schwarz-weiß wie Schnee" eine wichtige Hymne für die Fans der SGE. Doch ist Schnee schwarz? Natürlich nicht! Für diese Kuriosität gibt es zwei Erklärungen, die unter den Fans der Eintracht kursieren:

1. In den 1970er-Jahren haben die Fans „Schwarz, weiß, wie schee, das ist die SGE" gesungen. „Schee" ist hessisch und heißt „schön", also haben die Fans die Schönheit der Eintracht besungen.
2. Ursprünglich haben die Fans angestimmt: „Schwarz – und weiß wie Schnee". Da man das „und" in der Euphorie in der Fankurve beim Singen gerne mal verschluckt hat, kam dabei das heutige „schwarz-weiß" raus.

Aber egal ob „Schnee" oder „schee", wichtig ist, wie das Lied weitergeht: „... das ist die SGE, wir haben den U-U-EFA-Cup und wir werden deutscher Meister!"

Geschichtsstunde

Die Eintracht gibt es schon seit über 120 Jahren. Doch bis der Fußball von einem antiken Spiel aus Asien über mittelalterliche Prügeleien in England endlich bis nach Frankfurt kommen konnte, war es ein weiter Weg. Komm mit auf eine Zeitreise!

Schon im dritten Jahrhundert vor Christus kannten die Chinesen ein fußballähnliches Spiel. Und zum Ende des Mittelalters gab es in England ein Spiel, bei dem die Bewohner von zwei Dörfern versuchten, einen Ball durch das gegnerische Stadttor zu befördern. Dabei ging es sehr brutal zu. Es gab keine Regeln und immer wieder Schwerverletzte. Deshalb wurde das wilde Spiel immer wieder verboten.

Einem Ball hinterherzujagen, das begeisterte die Menschen. Trotz Verbot. In England begannen Schüler und Studenten, an ihren Schulen mit dem Ball zu spielen. 1848 verfassten Studenten in der englischen Stadt Cambridge die ersten Fußballregeln. Damals bestand eine Mannschaft noch aus 15 bis 20 Spielern, die den Ball auch in die Hand nehmen durften.

1857 wurde mit dem FC Sheffield der weltweit erste Fußballverein gegründet, wenige Jahre später die Football Association, ein nationaler Verband für alle Fußballer.

1872 legte der englische Verband eine einheitliche Ballgröße fest.

1874 begann der Lehrer Konrad Koch an einem Gymnasium in Braunschweig, mit seinen Schülern zu kicken. Allerdings noch mit einem englischen Rugbyball. Durch den Ballsport machte die Sportstunde viel mehr Spaß. Denn bis dahin gab es in Deutschland nur das Turnen. Das scheinbar wilde Fußballspiel gefiel den Chefs der Turnvereine überhaupt nicht. Sie hatten Angst, dass ihnen die Mitglieder weglaufen könnten. Sie bezeichneten das Fußballspiel als „Fußlümmelei" oder „englische Krankheit" und versuchten, es verbieten zu lassen. Doch immer mehr Menschen begeisterten sich für die neue Sportart und gründeten erste Vereine.

1866 1872 1874 1894

1866 wurden Eckball und Freistoß eingeführt, 1870 begrenzte man die Zahl der Spieler auf elf. Als die Football Association ein Jahr später festlegte, dass nur noch der Torwart den Ball in die Hand nehmen dürfe, traten viele Sportler aus dem Verband aus – das war übrigens der Anfang des Rugby!

Der erste richtige Frankfurter Fußballverein wurde **1894** gegründet: Beim „Frankfurter Fußball-Club Germania 1894" trafen sich Fußballer, die mit einem runden Ball spielten. Immer mehr Spieler kamen zur Germania. Es gab jedoch nur wenige gegnerische Mannschaften. Deshalb mussten die Teams der Germania nach Mannheim oder Hanau fahren, um Fußball zu spielen. Spieler, die bei den wenigen Partien nicht mitmachen konnten, wurden unzufrieden, verließen die Germania – und gründeten eigene Vereine.

Platz der Victoria, 1907

Hundswiese

Am 8. März **1899** gründeten 15 Fußballer in einer Gaststätte den „Frankfurter Fußball-Club Victoria“. Zwei Mitglieder erklärten sich bereit, die Tore zu bauen, und der Wirt der Gaststätte spendete den Ball. Einen Platz fand die Victoria auf der Hundswiese, einem großen Park auf Höhe der heutigen Miquelallee. Hier spielten zahlreiche Frankfurter Vereine. Die Stadt erlaubte ihnen, sich einzelne Felder abzustecken. Viele Sonntagsspaziergänger hatten aber keine Lust, wegen der verrückten Fußballer Umwege zu laufen. Also liefen ständig ganze Familien über das Spielfeld der Victoria. Die Fußballer wehrten sich, indem sie den Ball gegen die Kinderwagen schossen. Das gab jede Menge Ärger! Schließlich genehmigte die Stadt einen Bretterzaun rund um den Fußballpatz. Er verhinderte, dass Störenfriede über den Platz liefen, und: Wer rein wollte, musste Eintritt zahlen. Das erste Stadion war geboren!

1920 beschloss man, aus dem Frankfurter Fußballverein und der Turngemeinde von 1861 einen richtig großen Klub für alle Turner und Sportler zu machen und ihn „Eintracht" zu nennen – als Zeichen dafür, dass man einträchtig zusammenarbeitet.

In den folgenden Jahren wurde der „Frankfurter Fußball-Club Victoria" immer größer. **1911** tat er sich mit einem anderen Frankfurter Verein, den „Kickers", zusammen und nannte sich fortan „Frankfurter Fußballverein".

WELTMEISTERWISSEN

Frankfurt hat ganz schön oft Fußballgeschichte geschrieben! Zum Beispiel beim allerersten Spiel der neu gegründeten deutschen Nationalmannschaft im Jahr 1908: Das Freundschaftsspiel gegen die Schweiz verlor sie zwar 3:5, mit Fritz Becker von den Frankfurter Kickers erzielte aber ein späterer Eintrachtler das erste Tor der deutschen Nationalmannschaft überhaupt. Oder kurz nach der Erfindung der Gelben und Roten Karte: 1971 erhielt der Frankfurter Spieler Friedel Lutz als Erster in der Bundesliga eine Rote Karte. Der Schiedsrichter stellte ihn beim Spiel gegen Braunschweig vom Platz, nachdem er seinem Gegenspieler nach dessen Foul in den Hintern getreten hatte.

Pokale, Pokale, Pokale!

Die Fußballer der Eintracht haben schon Hunderte von Pokalen gewonnen. Die schönsten und die wirklich wichtigen sind im Museum ausgestellt. Auf dieser Seite erfährst Du ein paar der spannendsten Geschichten rund um die Trophäen …

DFB-POKAL

3:1!

Am 19. Mai 2018 ist die Sensation perfekt: Eintracht Frankfurt besiegt im DFB-Pokalfinale Bayern München mit 3:1. Mit derzeit insgesamt fünf DFB-Pokalsiegen und neun Finalteilnahmen belegt die SGE in der ewigen Tabelle des DFB-Pokals einen Platz ganz weit vorne. Nur Bayern München und Werder Bremen haben den Pott öfter gewonnen. In der ewigen Bundesligatabelle steht die Eintracht derzeit auf Platz acht.

MEISTERSCHALE

Meister!

Vor Gründung der Bundesliga 1963 wurde der deutsche Meister in einem Endspiel ermittelt. 1959 erreichte die Eintracht das Finale zum zweiten Mal: Am 28. Juni spielte die Mannschaft gegen die Kickers aus Offenbach. Das Spiel fand im Berliner Olympiastadion statt und die Eintracht siegte nach Verlängerung mit 5:3. Am Tag nach dem Finale kehrte die Mannschaft mit der Meisterschale zurück nach Frankfurt. Rund 300.000 Menschen standen an der Strecke vom Hauptbahnhof bis zum Römer, dem Frankfurter Rathaus, und feierten ihr Team. In Frankfurt herrschte an jenem Sonntag übrigens strahlender Sonnenschein, während es in Offenbach den ganzen Tag regnete. Echt!

Vize-Champions

Als deutscher Meister war die Eintracht für die Champions League qualifiziert. Damals hieß die Liga noch „Europapokal der Landesmeister“. 1960 war die Eintracht die erste deutsche Mannschaft, die das europäische Finale erreichte! Am 18. Mai ging es in Glasgow gegen Real Madrid. Richard Kress brachte die SGE mit 1:0 in Führung. Danach nahm Real das Spiel in die Hand – und gewann letztlich mit 7:3. Doch auch die Eintracht erntete viel Lob. Das Spiel wurde zum besten Vereinsmannschaftenspiel aller Zeiten gewählt. Bis heute gibt es kein Europapokalfinale, das mehr Zuschauer verfolgt haben: 127.000 Fans waren damals im Hampden Park in Glasgow live dabei. 2022 qualifizierte sich die Eintracht wieder für die Champions League und erreichte das Achtelfinale gegen den SSC Neapel.

Europas beste Mannschaft!

Im Museum der Eintracht kannst Du auch den UEFA-Pokal bewundern. Diese Trophäe gewann die Eintracht schon zweimal. 1980 siegte die SGE in einem rein deutschen Finale gegen Borussia Mönchengladbach mit 1:0, den Siegtreffer erzielte Fred Schaub. 42 Jahre dauerte es, ehe die Eintracht wieder in einem Europapokalfinale stand: Im Mai 2022 reisten fast 50.000 Fans nach Sevilla, wo die Eintracht auf die Glasgow Rangers traf. Nach 90 Minuten stand das Spiel 1:1, auch in der Verlängerung fiel kein Tor. So musste das Elfmeterschießen die Entscheidung bringen. Kevin Trapp hielt einen Elfmeter, die Eintracht gewann 6:5 und feierte den zweiten internationalen Titelgewinn. Neben der SGE gewann nur noch eine deutsche Mannschaft den UEFA-Pokal zweimal: Borussia Mönchengladbach.

Schön groß

Der größte Pokal der Eintracht stammt aus Spanien – 1972 gewann ihn das Team bei einem Freundschaftsspiel gegen Deportivo La Coruña. Der Pokal ist 1,50 Meter hoch und wiegt 27 Kilogramm. Und weil er so schön ist, entwickelte sich die Partie schnell vom Freundschaftsspiel zum erbitterten Kampf. Die Eintracht gewann mit 1:0. Zwei Mann waren nötig, um den Pokal vom Platz zu tragen. Im Flugzeug auf dem Weg zurück nach Frankfurt fand er in der Bordküche Platz!

WELTMEISTERWISSEN

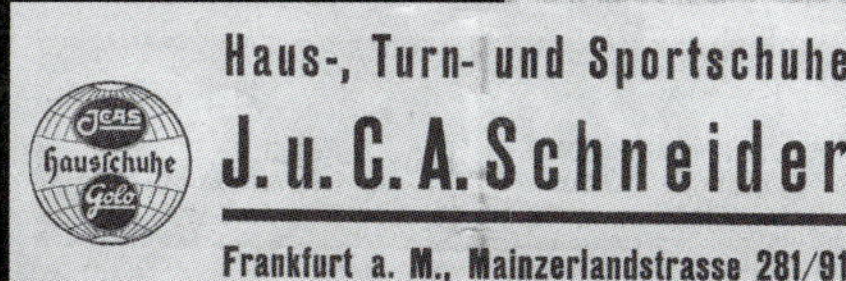

Vielleicht hast Du schon einmal gehört, dass die Eintracht auch „Schlappekicker“ genannt wird? Das kam so: In den Anfangstagen des Fußballs setzte der Deutsche Fußball-Bund (DFB) ausschließlich auf Amateurfußball, die Spieler durften also kein Geld verdienen. Deshalb versuchten die Vereine, die Spieler mit anderen Vorteilen an sich zu binden. In Frankfurt gab es eine Fabrik, deren Inhaber Eintracht-Fans waren. Die Firma J. & C. A. Schneider produzierte Hausschuhe, in Frankfurt „Schlappe“ genannt. Die Inhaber boten den Spielern der Eintracht an, in der Firma zu arbeiten. Sie erhielten ihr Gehalt also vom Schlappe-Schneider – und trainierten während der Arbeitszeit oft am Riederwald. Anfang der 1930er-Jahre arbeitete fast die ganze Mannschaft beim Schlappe-Schneider – daher sprach man hier immer von den „Schlappekickern“.

Erfolgreicher als die Männer – die Eintracht Frauen

Auch die Frauen der Eintracht spielen in der Bundesliga – und haben mehr Titel gewonnen als die Männer.

Die ersten Fußballfrauen der Eintracht

Frauenfußball hat bei der Eintracht erst spät einen festen Platz gefunden. Am 11. September 2004 bestritten die Eintracht Frauen ihr erstes Spiel gegen SG Mönstadt, das mit einem 1:1 endete. Die erste Frauenmannschaft der SGE startete damals in der sechstklassigen Bezirksliga Frankfurt. Doch die Frauen stiegen schnell bis in die Regionalliga auf.

Der 1. FFC Frankfurt

Bereits seit 1998 spielten die Frauen des 1. FFC Frankfurt (1. Frauen Fußball Club Frankfurt) erfolgreich in der Frauen-Bundesliga. Mit sieben deutschen Meisterschaften, neun DFB-Pokalsiegen und vier Europapokalsiegen war der 1. FFC Frankfurt der erfolgreichste Verein im deutschen Frauenfußball.

Der 1. FFC Frankfurt kommt zur Eintracht

Am 1. Juli 2020 verschmolz der 1. FFC Frankfurt mit Eintracht Frankfurt. Seitdem treten die Frauen als Abteilung der SGE auf und die vielen Erfolge gehören damit auch zur Vereinsgeschichte. Gleich in der ersten Saison als Eintracht Frauen erreichte die Truppe das DFB-Pokalfinale, das sie 2021 gegen VfL Wolfsburg unglücklich verlor. Im zweiten Jahr der Eintracht Frauen qualifizierte sich die Mannschaft bereits für ein Play-off-Turnier zur Champions League. Und mit dem Bundesligaspiel gegen FC Bayern München, das am 16. September 2022 im Deutsche Bank Park stattfand, stellten sie einen Zuschauerrekord für die Frauen-Bundesliga auf: 23.200 Menschen sahen das Spiel im Stadion.

Die Heimat der Eintracht Frauen

Die Eintracht Frauen trainieren und spielen im Stadion am Brentanobad in Rödelheim. Das Stadion bietet 5.800 Zuschauern Platz und wird auch von Rot-Weiss Frankfurt genutzt. Seit März 2021 gibt es hier sogar eine große Videowand. Neben dem Hauptplatz findest Du noch zwei Kunstrasenplätze. Und wenn Du im Sommer einmal vor Ort bist: Hinter dem Stadion ist das Brentanobad, das größte Beckenbad Deutschlands!

WELTMEISTERWISSEN

Bereits 1930 gründete die Frankfurterin Lotte Specht einen Frauenfußballverein, den „1. Deutschen Damenfußballclub“. Doch damals mochten es die Männer nicht, dass Frauen Fußball spielten. Der Verein löste sich schnell wieder auf. Auch in den 1950er-Jahren kickten Frauen, aber auch da verbot der Deutsche Fußball-Bund die Spiele. Erst 1970 wurde das Verbot des Frauenfußballs aufgehoben. Der erste deutsche Meister wurde 1974 gekürt, es war der TuS Wörrstadt.

Eintracht international

Für die Fans sind internationale Spiele das Größte. Denn viele haben schon alle Stadien in Deutschland gesehen. In fremden Ländern dagegen gibt es neue Arenen zu entdecken und auch sonst viel zu erleben. Deshalb träumen die Fans immer vom Europapokal – und wenn die Eintracht im Sommer zu Freundschaftsspielen aufbricht, fahren stets viele Anhänger mit.

Auf Reisen

Schon in der Anfangszeit des Fußballs war die Eintracht ein internationales Team. Spieler aus England, Frankreich, den Niederlanden oder der Schweiz spielten für die SGE. Die Eintracht lud Mannschaften aus England zum Fußballspiel in Frankfurt ein und reiste selbst in die Schweiz und nach Frankreich. Als Sensation galt das Spiel gegen den englischen FA-Cup-Sieger von 1911, Bradford City, im Jahr 1914. Die Partie endete 3:1 und war damit der erste Sieg einer Frankfurter Mannschaft über ein englisches Team. Die Gäste aus Bradford hatten übrigens eine kuriose Ausrede für ihre Niederlage: Am Spieltag kreiste ein Zeppelin über Frankfurt. Ein solches Flugobjekt hatten die Engländer zuvor noch nie gesehen und waren durch den Anblick völlig abgelenkt. Das haben sie zumindest nach ihrer Niederlage behauptet …

Völkerverständigung

Im Zweiten Weltkrieg waren Deutschland und die USA erbitterte Feinde. Nachdem die Nationalsozialisten besiegt waren, verschwand diese Feindschaft nicht einfach so. Um die Länder wieder zu versöhnen, organisierten viele Vereine Sportveranstaltungen. 1950 reiste der Hamburger SV als erste deutsche Mannschaft in die USA, 1951 erhielt die Eintracht eine Einladung zu einer Goodwill Tour. Die Mannschaft absolvierte acht Spiele im ganzen Land, traf die Menschen, redete und feierte mit ihnen. Diese sportlichen Veranstaltungen halfen, die Vorurteile zwischen den ehemaligen Kriegsgegnern abzubauen.

Anhänger auf der ganzen Welt

Die Fans folgen ihrer Eintracht rund um den Globus. Doch für manche Anhänger ist sogar der Besuch einer Partie in Frankfurt ein „Auswärtsspiel“. In Deutschland gibt es Eintracht-Fanclubs in Berlin, Hamburg und München. Aber Eintrachtler kannst Du auf allen Kontinenten finden! Spektakulär sind zum Beispiel die Fanclubs in England, Japan, Neuseeland, China und den USA. Wenn die Eintracht ein wichtiges Spiel hat, kommen die Fans aus der ganzen Welt angereist. Und sie freuen sich besonders, wenn die Eintracht mal ein Trainingslager beispielsweise in den USA macht. Dann haben die internationalen Fans ein Heimspiel.

Fans in Frankreich

2013 herrschte bei der Eintracht eine regelrechte Reisewut. Die Mannschaft spielte in der Europa League in Baku (Aserbaidschan), Tel Aviv (Israel), Nikosia (Zypern), Bordeaux (Frankreich) und Porto (Portugal). Tausende Fans reisten der Mannschaft hinterher. Dafür mussten sie aber jedes Mal Urlaub nehmen und teure Flüge buchen. Die einzige Partie, die sie auch bequem per Auto, Bus oder Bahn erreichen konnten, war das Gruppenspiel bei Girondins Bordeaux. Also machten sich 12.000 Fans auf nach Frankreich. Eintracht-Fans sind normalerweise sehr streng und achten auf die Vereinsfarben Rot-Schwarz-Weiß. Nach Bordeaux organisierten sie aber eine Mottofahrt und fuhren alle komplett in Orange gekleidet. Diese kräftige Farbe fällt im Stadion viel mehr auf als Rot, Schwarz und Weiß. Manche trugen Warnwesten, andere sogar Anzüge der Müllabfuhr. 12.000 Frankfurter von Kopf bis Fuß in Orange gaben in Bordeaux ein beeindruckendes Bild ab. Und: Noch nie hatte eine Mannschaft zu einem Gruppenspiel der Europa League so viele Fans mobilisiert. Neun Jahre später stellten die Eintracht-Fans ihren eigenen Rekord ein: 2022 reisten über 30.000 Fans zum Europapokalviertelfinale nach Barcelona – diesmal ganz in Weiß.

WELTMEISTERWISSEN

Im Laufe der Jahre hat die Eintracht im Europapokal einiges erlebt:
Der höchste Sieg: 9:0 gegen Widzew Łódz (Polen, 1992/93)
Der höchste Auswärtssieg: 6:0 bei Dynamo Moskau (Russland, 1993/94)
Der schwierigste Name eines Gegners: Dnipro Dnipropetrowsk (Ukraine, 1993/94)
Die meisten Auswärtsfans: über 30.000 beim FC Barcelona (Spanien, 2021/22)
Zum Europapokalfinale in Sevilla reisten fast 50.000 Eintrachtler. Da das Stadion zu klein war, konnten aber nur etwa 15.000 das Spiel live im Stadion verfolgen.

HIER WERDEN STARS GEBOREN

Was ist ein **Fußball-Internat**?

Wer sind die **Junior Adler**?

Wie oft trainieren **Nachwuchsspieler**?

Was steht auf dem **Stundenplan** der **Fußballschule**?

Talentschmiede

Am Riederwald gibt es den perfekten Ort für junge Talente, die später einmal Profisportler werden möchten: das Nachwuchsleistungszentrum der Eintracht. Hier arbeiten Nachwuchsspieler intensiv an ihrer Technik, Athletik und Fitness. Und hier gibt es sogar ein eigenes Fußball-Internat für die Stars von morgen.

Trainieren wie die Profis

Die Jugendmannschaften der Eintracht trainieren am Riederwald. Hier gibt es ein Nachwuchsleistungszentrum, die Geschäftsstelle von Eintracht Frankfurt e. V., einen Fanshop, eine Gaststätte, eine große Sporthalle und eine Tennisanlage. Zahlreiche Trainingsplätze stehen den Nachwuchsfußballern oder -hockeyspielern zur Verfügung, um Spielzüge, Torschüsse, Freistoßvarianten oder Verteidigungstaktiken zu üben. Elf Nachwuchs-Fußballmannschaften – von der U9 bis einschließlich der U21 – gibt es bei der Eintracht. Die haben es richtig gut. Denn am Riederwald finden sie alles, was man für den Start in eine Fußballkarriere braucht: einen großen Kraftraum, eine Sauna, Entmüdungsbecken und einen Behandlungsraum.

Wichtige Spiele bestreiten die Nachwuchsmannschaften U15, U17 und U19 auf dem Hauptfeld im Riederwaldstadion. Alle anderen finden auf dem im Sommer 2022 neu verlegten Kunstrasenplatz statt. Die zur Saison 2022/23 neu eingeführte U21 trägt ihre Heimspiele im Sportpark Dreieich aus. Trainiert wird ebenfalls im Sportpark oder auf einem Rasenplatz im Stadtteil Götzenhain.

Wohngemeinschaften

Bis zu 13 Nachwuchsfußballer leben im Sportinternat am Riederwald. Darüber hinaus besteht die Möglichkeit, bis zu sieben weitere und meist ältere Talente in Wohngemeinschaften unterzubringen. Für all diese Fußballtalente gilt: Es gibt feste Zeiten, in denen sie zu Hause sein müssen. Normalerweise ist um 22 Uhr Bettruhe.

Teamarbeit: Die jungen Spieler und „Herbergsmutter“ Chrissoula Disch gehen zusammen einkaufen und kochen gemeinsam.

Hotelbetrieb mit Hausordnung

CHRISSOULA DISCH ist eine wichtige Person im Nachwuchsleistungszentrum am Riederwald. Als „Herbergsmutter“ kümmert sie sich nämlich um die jungen Spieler, die hier wohnen. Chrissoula sorgt zum Beispiel für das Essen, natürlich tatkräftig unterstützt von den Spielern, die beim Kochen mithelfen. Und überhaupt: Alle notwendigen Arbeiten werden gemeinsam erledigt. Die Fußballer müssen waschen, aufräumen und jeden Morgen den Müll herunterbringen. Im Gemeinschaftsraum hängen Pläne aus, welche Aufgaben jeder erledigen muss. Einmal pro Woche kontrollieren Mitarbeiter alle Internatszimmer. Sie prüfen ganz genau, ob alles sauber und gepflegt ist.

Hoher Besuch

Für die Nachwuchsspieler stehen an den Wochenenden häufig Spiele auf dem Programm. Deshalb haben sie nur selten die Gelegenheit, nach Hause zu ihren Eltern zu fahren. Kein Problem: Dann besuchen die Eltern eben ihre Kinder und schauen sich die Partien am Riederwald an. Bei den Spielen müssen sich die Mütter und Väter an einen Verhaltenskodex halten: Sie dürfen ihre Kinder natürlich anfeuern, jedoch keine taktischen Anweisungen auf den Platz rufen. Das darf nämlich nur der Trainer!

Rundumbetreuung

Damit sich die Nachwuchsspieler nicht nur zu tollen Fußballern entwickeln, sondern auch in der Schule erfolgreich sind, arbeiten am Riederwald Lehrer und Pädagogen. Die kümmern sich um die Hausaufgabenbetreuung – und wenn jemand ein Problem mit Mathe, Deutsch oder Englisch hat, helfen alle mit. Die Spieler können sogar auf einen Fahrdienst zurückgreifen. Falls ein Arztbesuch oder dringende Erledigungen anstehen, fahren Mitarbeiter der Eintracht die Spieler zu den jeweiligen Terminen. Und auch wenn sie sich das manchmal vielleicht wünschen: Selbst nachts sind die Nachwuchssportler niemals allein. Die Mitarbeiter des Nachtdienstes haben immer ein wachsames Auge auf ihre Schützlinge und sind in Notfällen immer ansprechbar.

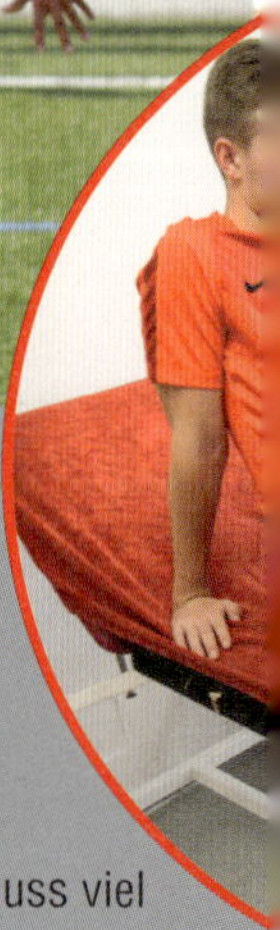

Üben, üben, üben ...

Wer bei der Eintracht Fußball spielt, muss viel trainieren – Zwölfjährige dreimal pro Woche, 15-Jährige viermal pro Woche. Nicht jede Übungseinheit findet auf dem Spielfeld statt. Die Nachwuchsfußballer absolvieren auch Athletiktraining und müssen im Kraftraum oder auf der Laufbahn alles geben. Und am Wochenende steht häufig noch ein Pflichtspiel auf dem Programm.

Vorbilder

Viele Spieler der Eintracht haben als Jugendliche am Riederwald begonnen. **MARCO RUSS** – heute Videoanalyst bei den Profis – und **TIMOTHY CHANDLER** spielten beispielsweise in der Jugend der SGE oder im Nachwuchsleistungszentrum der SGE. Sie sind große Vorbilder für die heutigen Nachwuchsspieler. Aber auch Spieler, die inzwischen bei anderen Vereinen kicken, haben einst bei der Eintracht begonnen – zum Beispiel Emre Can, Cenk Tosun, Niklas Süle oder Jermaine Jones.

Ein Team von Physiotherapeuten kümmert sich um die Nachwuchstalente – damit sie sich schnell von Verletzungen erholen und perfekt auf Wettkämpfe vorbereitet sind.

Diva

Am Riederwald gibt es eine Gaststätte, die heißt „Diva“, obwohl sie doch eigentlich „Zum Adler“ heißen sollte. Vielleicht ist Dir der Begriff „Diva“ rund um die Eintracht schon einmal begegnet, er taucht nämlich immer wieder auf. Als Diva bezeichnet man eigentlich eine ganz tolle Frau, die alles kann, manchmal aber richtig schlecht gelaunt ist und dann überhaupt keine Lust auf nichts hat. Dann machen sich alle anderen lieber schnell aus dem Staub. Die Fans sagen, auch die Eintracht sei ziemlich „divenhaft“. Frag bei Gelegenheit mal einen richtig alten Eintracht-Fan. Die erzählen gerne Geschichten aus Zeiten, als die Eintracht ganz toll gegen die Bayern gewann – und eine Woche später beim Tabellenletzten verlor. Meist enden die Geschichten dann mit dem Satz „So isse halt, unsere launische Diva!“.

„Wir sind sehr stolz, dass so viele Spieler der Eintracht zu großen Stars wurden – und wir freuen uns jetzt schon auf die Stars von morgen.“

Peter Fischer,
Vereinspräsident

Extra für Kinder!

Schon für ihre jüngsten Fans organisiert die Eintracht spannende Aktivitäten, bei denen Charly, Attila und Alfons wichtige Rollen spielen …

Junior Adler

Kinder, die Mitglied in der Fanabteilung von Eintracht Frankfurt sind, werden automatisch auch zu Junior Adlern. Die Junior Adler sind der offizielle Kids Club von Eintracht Frankfurt. Als Junior Adler bekommst Du zu Beginn ein tolles Willkommenspaket mit Eintracht-Fanartikeln und einem coolen Mitgliedsausweis. Du kannst am Ferienprogramm teilnehmen, Attila bei seiner Stadionrunde vor Heimspielen begleiten – und mit ein wenig Glück sogar als Einlaufkind an der Hand eines Spielers ein Bundesligaspiel einläuten. Die Junior Adler veranstalten auch gemeinsame Auswärtsfahrten. Wenn Du am Leben der Eintracht teilhaben möchtest, bist Du bei den Junior Adlern also genau richtig! Für die Planung ihrer spannenden Aktionen hat der Club am Riederwald sogar ein richtiges Büro. Dort kümmern sich die Mitarbeiter und Franky, das Maskottchen der Junior Adler, um alles Wichtige rund um den Kids Club.

Familienausfug ins Stadion: Besuch doch einmal mit Deiner Familie ein Heimspiel der Eintracht. Vormittags bietet das Museum Führungen durchs Stadion und direkt vor dem Spiel lockt die Fanmeile mit Spaß für Jung und Alt.

Eine Schule nur für Fußball

Seit 2001 gibt es bei der Eintracht sogar eine Schule, in der nur Fußball auf dem Stundenplan steht. Sie heißt Eintracht Frankfurt Fußballschule und ihr Leiter ist Karl-Heinz Körbel. Charly, wie ihn alle nennen, ist Rekordspieler der Bundesliga. Insgesamt hat er 602 Bundesligaspiele absolviert, allesamt für die Eintracht. In den Ferien können sich Kinder zur Fußballschule anmelden. Dann wird eine Woche lang gekickt, trainiert und gelernt – und zwar im kompletten Eintracht-Outfit mit Trikot, Hose und Stutzen. Und die Lehrer der Fußballschule sind allesamt ehemalige Eintracht-Stars, die alle Fußball-Tricks und Kniffe kennen. Dazu gibt es auch einen Museumsbesuch, eine Stadionführung und einen Besuch von Attila.

Viermal gewann Charly Körbel mit der Eintracht den DFB-Pokal und 1980 den UEFA-Pokal.

Nachts im Museum

In den Ferien veranstaltet das Eintracht-Museum ein Extraprogramm für Kinder! Attila kommt mit seinem Falkner Norbert Lawitschka vorbei und die Teilnehmer malen ihre eigenen Fahnen oder basteln Buttons. Bei der Kinderpressekonferenz können sie einen Eintracht-Spieler mit vorbereiteten Fragen löchern. Höhepunkt des Ferienprogramms ist die „Nacht im Museum", bei der die Kinder direkt bei der Meisterschale, dem DFB- und dem UEFA-Pokal schlafen. Zusammen mit Eintracht-Mitarbeitern spielen sie Fußball im Dunkeln, schauen einen Film, essen gemeinsam. Und bevor es ins Bett geht, wird es richtig gruselig. Denn bei einer Nachtwanderung kommt oft auch Gespenst Alfons aus seinem Versteck. Seit Anfang der 1990er-Jahre spukt es auf dem Gelände herum, wird aber bei jeder Museumsnacht von den Kindern verjagt. Seinen Namen verdankt Alfons einem Schiedsrichter, der der Eintracht einen sehr wichtigen Elfmeter verwehrt hat. Frag mal einen älteren Fan nach Alfons – dann erzählt er Dir das ganze Drama. Und ein wichtiger Tipp: Frag einen Eintracht-Fan nie, ob Ihr mal Urlaub in Rostock machen könnt!

„Es ist toll zu sehen, welchen Spaß die Kinder in der Fußballschule haben – und was sie hier alles lernen."

Charly Körbel,
Leiter der Fußballschule und Bundesligarekordspieler

DAS STADION

Wie funktioniert das **Dach**?

Warum hat der **Rasen Streifen**?

Wann wurde das Stadion **eröffnet**?

Wer trifft sich in der **Mixed Zone**?

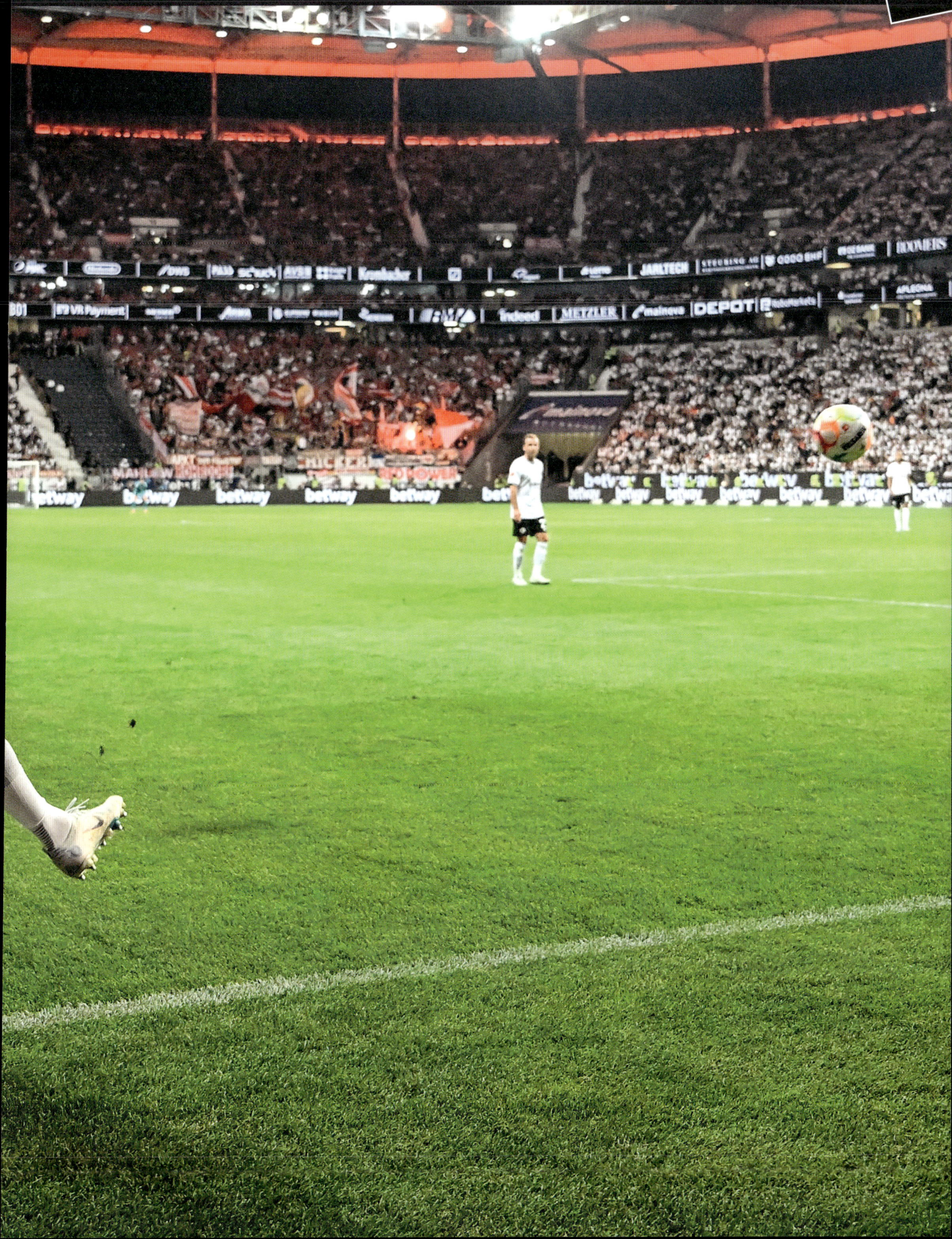
betway
Krombacher
Indeed
METZLER
mainova
DEPOT
BOOMERS

Meilensteine

Dort, wo heute der Deutsche Bank Park steht, wird schon seit fast 100 Jahren gekickt. Das erste Stadion öffnete hier nämlich schon 1925 seine Tore. Vorher war auf dem Gelände ein militärischer Schießplatz.

Ein städtisches Stadion im Stadtwald

Im Jahr 1925 wurde im Frankfurter Stadtwald das städtische Stadion eröffnet. Damals besaß die Eintracht ihr eigenes Stadion am Riederwald. Auch der zweite große Frankfurter Verein, der FSV Frankfurt, hatte an der Seckbacher Landstraße ein eigenes Stadion. Die Arena im Stadtwald war Schauplatz für die großen, bedeutenden Spiele und Austragungsort vieler anderer Sportarten. Auf dem Stadiongelände gab es sogar ein Theater für Kulturvorführungen.

Vom Kugelfang zur Gegentribüne

Auf dem Gelände des Stadions befand sich ursprünglich ein militärischer Schießplatz. Nach dem Ersten Weltkrieg haben die Siegerländer alle militärischen Anlagen in Deutschland verboten. Also bauten die Frankfurter den Schießstand kurzerhand zum Stadion um. Der Kugelfang, in dem die Querschläger der Geschosse einschlugen, wurde einfach aufgeschüttet – und zur Gegentribüne umfunktioniert.

Als Opa zum Fußball ging, waren die Preise noch günstig!

Sensation Flutlicht

Heute ist es ganz normal, auch abends Fußball zu spielen. Vor 60 Jahren jedoch war das eine Sensation. Als die Eintracht ihre ersten „Nachtspiele“ austrug, musste sie sich bei einer Firma, die Kinofilme produzierte, noch Scheinwerfer ausleihen. 1956 wurde im **STADION AM RIEDERWALD** eine Flutlichtanlage installiert, 1959 dann auch im **WALDSTADION**. Damals besuchten viele Menschen nur deshalb das Stadion, um die Atmosphäre eines nächtlichen Fußballspiels bei Flutlicht zu bestaunen.

Heimat der Eintracht

Bis zur Gründung der Bundesliga 1963 trug die Eintracht ihre Heimspiele im Stadion am Riederwald aus. Nur für die großen Spiele im Europapokal oder um die deutsche Meisterschaft liefen die Spieler im Waldstadion ein. 1963 wechselte die Mannschaft dann fest ins Stadion im Stadtwald.

Weltmeister in Frankfurt

1974 fand erstmals eine Fußballweltmeisterschaft in Deutschland statt – und das Frankfurter Stadion war Spielort. Dafür wurde es quasi ganz neu gebaut. Insgesamt passten damals über 60.000 Fans in die Arena. Und die sahen am 3. Juli 1974 die „Wasserschlacht von Frankfurt". Denn beim Zwischenrundenspiel gegen Polen regnete es vor Anpfiff so sehr, dass die Fans statt auf den Rasen auf einen See schauten. Die Feuerwehr musste das Wasser vom Spielfeld pumpen. Danach wurde der Rasen mit Walzen einigermaßen getrocknet. Deutschland siegte gegen die polnische Elf mit 1:0, zog ins Finale ein und wurde vier Tage später Weltmeister.

Sommermärchen in Frankfurt

Auch während der Weltmeisterschaft 2006 war Frankfurt Austragungsort einiger Partien. Das alte Stadion wurde komplett abgerissen und ein Neubau errichtet: Die Arena mit Laufbahn und über 60.000 Plätzen verwandelte sich in ein reines Fußballstadion für rund 50.000 Fans. Höhepunkt war die Viertelfinalpartie Brasilien gegen Frankreich. Das Halbfinale Deutschland – Italien verfolgten über 35.000 Zuschauer beim Public Viewing im Stadion. Die Stadt hat damals außerdem für die Fans ein Public Viewing am Main organisiert. Ein riesiger Fernseher stand auf dem Fluss, während die Fans auf Tribünen am Ufer saßen. Dieser Fernseher verursachte allerdings einen lustigen Unfall: Ein Frachtschiff rammte den Bildschirm – ausgerechnet ein holländisches Schiff! Vielleicht hat sich der Kapitän zu sehr darüber geärgert, dass sich die Elf der Niederlande nach dem Achtelfinale gegen Portugal von der WM verabschieden musste.

Confed Cup, Frauen-WM, UEFA- und DFB-Pokal

Im Laufe der Zeit fanden weitere hochkarätige Fußballbegegnungen im Frankfurter Stadion statt. Der Confed Cup wurde 2005 in Deutschland ausgetragen. Das Eröffnungsspiel war zugleich das erste Turnierspiel der deutschen Nationalmannschaft. Im ausverkauften Stadion gewann sie mit 4:3 gegen Australien. Auch das in Frankfurt angesetzte Finale war ausverkauft, Brasilien holte sich mit einem 4:1 gegen Argentinien den Titel. Sechs Jahre später fand mit dem Endspiel der Frauen-WM wieder ein FIFA-Finale in Frankfurt statt. Einen Bundesliga-Rekord im Frauen-Vereinsfußball gab es im September 2022: 23.200 Zuschauer verfolgten das 0:0 der Eintracht Frauen gegen den FC Bayern München. Bevor das Finale um den DFB-Pokal in den 1980er-Jahren nach Berlin umsiedelte, wurde der Titel auch im alten Waldstadion ausgespielt; insgesamt fünf Mal fand ein DFB-Pokalfinale in Frankfurt statt.

WELTMEISTERWISSEN

Immer waren Eintrachtler dabei, wenn Deutschland Weltmeister wurde:
1954: Weltmeister Deutschland, Eintracht-Spieler: Alfred Pfaff
1974: Weltmeister Deutschland, Eintracht-Spieler: Jürgen Grabowski und Bernd Hölzenbein
1990: Weltmeister Deutschland, Eintracht-Spieler: Uwe Bein
2014: Weltmeister Deutschland … Hier fehlt leider ein Eintracht-Spieler, aber Jogi Löw, der Weltmeistertrainer, spielte in der Saison 1981/82 für die Eintracht. Damals hat er wohl sehr viel gelernt, was er in seiner Zeit als Bundestrainer anwandte.

ALFRED PFAFF

Viel zu entdecken

Das Stadion, wie Du es heute kennst, entstand zwischen 2002 und 2005 und hat fast 130 Millionen Euro gekostet. Derzeit passen 51.500 Zuschauer in das Stadion. Und, klar, wenn die Eintracht spielt, ist es fast immer ausverkauft. Deswegen wird das Stadion auch auf eine Kapazität von 60.000 Plätzen erweitert. Wir stellen Dir spannende Orte im Stadion vor.

Umkleidekabinen

Im Untergeschoss des Stadions sind die Umkleidekabinen der Spieler. Mit Blickrichtung Spielfeld befindet sich die Kabine für die Gastmannschaft auf der linken Seite, die Eintracht-Kabine ist rechts. Die Spieler der SGE nutzen die Kabine nur an Spieltagen. Wenn die Truppe unter der Woche trainiert, haben sie im ProfiCamp einen eigenen Spielerbereich. Da ist der Zutritt allerdings streng verboten.

Mixed Zone

In der Mixed Zone treffen sich die Mannschaften und der Schiedsrichter kurz vor dem Anpfiff. Währenddessen stehen im Spielertunnel die Einlaufkinder bereit. Jeder Spieler nimmt ein Einlaufkind an die Hand, dann geht es gemeinsam raus ins Stadion. Die Einlaufkinder winken kurz ins Publikum, um dann zurück in die Mixed Zone zu laufen. Hier holen sie Eintracht-Mitarbeiter ab und bringen sie auf die Tribüne. Nach Abpfiff kehren auch die Spieler zurück in die Mixed Zone. Kamerateams erwarten sie schon, um die ersten Interviews mit ihnen zu führen. Daher hat die Mixed Zone auch ihren Namen: In diesem Bereich mischen sich Sportler und Reporter.

Videowürfel

Der Videowürfel im Stadion ist der modernste seiner Art in ganz Europa. Der große Kasten wiegt 6.900 Kilogramm, hat eine Fläche von 276 Quadratmetern und besteht aus fast 6 Millionen Leuchtdioden. Bislang wurde der Videowürfel bei einem Fußballspiel nur einmal vom Ball getroffen – nach dem Abschlag des englischen Nationaltorhüters bei der Weltmeisterschaft 2006. Das war damals aber noch ein anderer Würfel. Der Schiedsrichter muss in solchen Fällen eigentlich einen Schiedsrichterball geben, weil die Flugbahn des Balls unterbrochen wurde. Hat er aber damals nicht, weil sein Blick – wie es sich gehört – auf das Spielfeld gerichtet war und nicht in die Luft.

Leiter im Himmel

Wenn Du Dir den Videowürfel genau anschaust, erkennst Du, dass auf der rechten Seite eine Leiter installiert ist. Man kann den Videowürfel an einer Stahlkonstruktion bis circa 1,5 Meter über dem Mittelkreis herunterfahren. Damit Mitarbeiter dann nicht immer die große Leiter aus der Werkstatt mitbringen müssen, hat man direkt am Würfel eine Klappleiter installiert. Die wird heruntergeklappt – und schon kann man bei Bedarf in den Riesenfernseher hineinklettern.

Dach

Über dem Videowürfel ist ein großes Zeltdach in einem gelben Käfig befestigt. Es kann innerhalb von 15 Minuten über das Spielfeld gezogen werden. Dafür gibt es auf der fest installierten Konstruktion Motoren, die das Dach nach außen ziehen. Dann finden die Fußballspiele quasi in einer Halle statt. Bei Eintracht-Spielen wird das Dach meist nicht geschlossen. Im Sommer jedoch gehen große Konzerte und andere Veranstaltungen häufig unter geschlossenem Dach über die Bühne.

Die Banane

Am Tag vor einem Heimspiel findet das Abschlusstraining statt. Das ist streng geheim, niemand darf zuschauen. Danach geht es für die komplette Truppe mit dem Mannschaftsbus ins Hotel. Hier verbringen die Spieler gemeinsam den Abend und ziehen sich danach in ihre Hotelzimmer zurück. Am Spieltag gibt es morgens eine Mannschaftsbesprechung. Danach macht sich die ganze Truppe auf ins Stadion. Der Mannschaftsbus fährt vor die Haupttribüne und dann in eine Busspur. Diese Straße unterhalb der Haupttribüne ist gebogen, deshalb nennt man sie „Banane".

Die Tiefgarage ist ein riesiges Labyrinth mit acht Parkebenen. 1.800 Autos finden hier Platz, damit gehört sie zu den größten Tiefgaragen in Frankfurt. An Spieltagen parken hier unter anderem die Besucher des VIP-Bereichs und die Spieler ihre Autos.

Kirche im Stadion

Direkt in der Haupttribüne gibt es einen Kirchenraum. Er ist das Reich von Stadionpfarrer Eugen Eckert. Eugen betet allerdings nur selten für die Eintracht. Vielmehr kümmert er sich um ganz viele Eintracht-Fans, die mit kuriosen Wünschen zu ihm kommen. Über 200 Babys, meist im Eintracht-Strampelanzug, wurden in dieser Kirche bereits getauft. Außerdem finden hier regelmäßig Hochzeiten statt. Zu diesem Anlass darf die Braut ihr Hochzeitskleid in der Eintracht-Kabine anziehen.

Zwei große Regenzisternen

Das Stadion im Stadtwald liegt in einem Grundwasserschutzgebiet, daher gehen die Mitarbeiter mit dem Wasser besonders sparsam um. Beim Stadionumbau vor der Weltmeisterschaft 2006 wurden zwei große Regenzisternen im Boden eingelassen, die ein Speichervolumen von 300.000 Litern haben. Mit dem über das Dach gesammelten Wasser könnte man über 2.000 Mal eine Badewanne füllen. Stattdessen wird es aber lieber für die Toilettenspülung im Stadion genutzt – und um den Rasen zu bewässern.

Im ProfiCamp

Direkt am Stadion ist 2021 das neue ProfiCamp eröffnet worden. Hier haben die Spieler alles, was sie tagtäglich brauchen. Morgens trifft sich die Mannschaft im Restaurant „59" zum Frühstück. Dann geht es nach einer kurzen Besprechung per Fahrrad zu den Trainingsplätzen am Stadion. Im ProfiCamp arbeiten auch mehr als 250 Mitarbeiter der Eintracht: Vom Zeugwart bis zum obersten Chef der Eintracht sind hier alle versammelt. Auch die Eintracht-Mitarbeiter gehen im Restaurant „59" zum Mittagessen. Die Straße zum ProfiCamp wurde nach der Vereinshymne der Eintracht benannt, sie heißt „Im Herzen von Europa". Weil man Angst hatte, dass viele Fans das Straßenschild klauen, weil es so schön ist, hat man das Fundament extra vergrößert und besonders stabile Schrauben zum Befestigen genommen. Bislang hat aber noch keiner das Schild stibitzt ...

Feuerwehr, Polizei, Sanitäter

In der Gegentribüne arbeitet die Feuerwehr in ihrer Leitstelle. Die Zentrale der Polizei befindet sich ebenfalls in der Gegentribüne. Auf Monitoren haben die Beamten das Geschehen im und um das Stadion immer im Blick und sorgen dafür, dass sich die Zuschauer sicher fühlen können. Im Stadion gibt es sogar vier Gefängniszellen. Die sind aber fast immer „unbewohnt". Das Deutsche Rote Kreuz hat mehrere Räume im Stadion für Wehwehchen, aber vor allem eine ziemlich einzigartig große Wache in der Haupttribüne mit Behandlungsräumen für umfangreiche Erstversorgungen.

Ein Schlüssel für 5.000 Türen

Im Stadion gibt es rund 5.000 Türen – jede von ihnen hat eine Nummer. Die Eintracht-Kabine trägt die Nummer 1129 und der Schiedsrichter hat Tür 1133. Die Mitarbeiter haben Schlüssel für die Türen, die sie nutzen müssen. Den besten Schlüsselbund hat allerdings die Feuerwehr: Ihr Schlüsselbund funktioniert nämlich an allen Türen im gesamten Stadion. Denn wenn es irgendwo einen Notfall gibt, müssen die Feuerwehrleute schnell vor Ort sein und sofort den richtigen Schlüssel zur Hand haben.

Ein Kraftwerk im Keller!

Im Keller des Stadions gibt es sogar ein kleines Kraftwerk. Bei einem Stromausfall übernehmen die Generatoren in Sekundenschnelle die Stromversorgung des Deutsche Bank Parks. Das ist wichtig, damit beispielsweise alle Notausgänge im Fall eines Unglücks immer beleuchtet sind. Dieses Notfall-Kraftwerk hat jede Menge Power und könnte sogar eine Kleinstadt komplett mit Strom versorgen.

WELTMEISTERWISSEN

Im Bundesliga-Spielbetrieb hat der Deutsche Bank Park eine Kapazität von 51.500 Zuschauern. 8.500 Fans dürfen stehen. Dürfen? Die Stehplätze sind besonders beliebt und immer am schnellsten ausverkauft. Wer dafür eine Dauerkarte ergattert hat, gibt sie so schnell nicht mehr her und behält sie Jahr für Jahr. Bis zum Europapokalsieg galt der internationale Wettbewerb als Turnier mit Sitzplatzpflicht, daher passten nur 48.000 Fans ins Stadion. Die Blöcke, in denen die Fans normalerweise stehen, bekamen dann Sitze. Und die nahmen mehr Platz ein als Stehplätze. Derzeit dürfen Fans aber auch im Europapokal stehen. Und vor der Europameisterschaft 2024 wird das Stadion vergrößert. Zukünftig können 60.000 Fans zu den Spielen kommen.

Wenn Du Dich in die letzte Reihe im Oberrang setzt, solltest Du keine Höhenangst haben – denn diese Plätze sind 32 Meter höher als das Spielfeld. Aber keine Sorge, auch von dort ist die Sicht auf das Spielgeschehen sehr gut.

Das Zentrum

Er ist der wichtigste Teil des Stadions: der Rasen! Zehn Greenkeeper und eine ausgeklügelte Technik sorgen dafür, dass die Spielfläche immer in Topform ist.

In der Halbzeitpause bessern die Greenkeeper herausgerissene Rasenstücke aus.

So groß ist das Spielfeld

In den Fußballregeln ist die Größe des Spielfelds gar nicht ganz genau geregelt. Es gibt nur eine Vorgabe: Es muss rechteckig sein, mit einer Breite zwischen 45 und 90 Metern und einer Länge zwischen 90 und 120 Metern. Die Verbände UEFA und FIFA haben sich auf eine Norm von 68 x 105 Metern geeinigt. Diese Maße hat auch das Spielfeld in Frankfurt – ein ganz durchschnittliches Spielfeld also, mit rund 179 Millionen Grashalmen.

Mit Gefälle

Das Spielfeld ist nicht glatt wie eine Scheibe, es hat von der Mitte kommend kreisrund ein Gefälle. Das kannst Du Dir bestimmt nur schwer vorstellen. Aber denk Dir einfach ein Zirkuszelt. Das Zelt ist das Spielfeld und die Zeltkuppel ist der Anstoßpunkt. Diese gewölbte Konstruktion ist wichtig, damit das Regenwasser ablaufen kann. Der Anstoßpunkt ist damit der höchste Punkt auf dem heiligen Rasen. Das Gefälle siehst Du aber kaum, die Außenlinien liegen nur wenige Zentimeter unter dem Anstoßpunkt. Du musst Dir also keine Sorgen machen, dass der Ball vom Anstoßpunkt herunterrollt.

Links und rechts

Wenn Du Dir ein Eintracht-Spiel anschaust, denkst Du vielleicht, es gibt zwei Sorten Rasen: einen helleren und einen dunkleren. Denn auf dem Spielfeld erkennst Du breite Streifen. Fachleute sagen, sie können mithilfe dieser Streifen Abseits besser erkennen. Doch die Streifen bestehen nicht aus unterschiedlichen Rasenarten. Die Greenkeeper mähen das Gras einfach in zwei Richtungen, sodass die Halme unterschiedlich „gekämmt" werden. Das auf den Rasen fallende Licht bewirkt, dass Du zwei Farben erkennst.

Rasensolarium

Das weiß jedes Kind: Damit Gras gut wächst, braucht es vor allem Wasser, Wind und Sonne. Der Rasen im Stadion wird regelmäßig gegossen, das geht mit einer Sprinkleranlage sogar automatisch. Die vier Marathontore in den Kurven sorgen für Luftzirkulation. Einzig die Sonne bleibt knapp, denn die scheint nicht immer, und wenn sie vom Himmel strahlt, werfen die Dächer der Tribünen und des Videowürfels ihre Schatten auf das Spielfeld. Damit der Rasen an allen Stellen trotzdem Sonnenlicht tanken kann, wurde das Rasensolarium erfunden. Das leuchtet im Winter Tag und Nacht auf den Rasen – und sorgt für ein perfektes Spielfeld.

Warm und trocken

Eine Heizung direkt unter dem Spielfeld stellt sicher, dass der Rasen im Winter nicht gefriert. Unter der Rasenheizung befindet sich eine Drainage, das ist ein Ablaufsystem für das Regenwasser. Die Drainage verhindert, dass auf dem Spielfeld Pfützen entstehen. Unterirdisch wird das Wasser gesammelt und per Pumpe in die Versickerungsgruben befördert. So eine Drainage hätte übrigens die Wasserschlacht von 1974 verhindert. Aber damals wollte man sparen und hatte auf das Ablaufsystem verzichtet.

KLEINE KAMPFBAHN

Streng geheim

Manchmal darf niemand zuschauen, wenn die Eintracht trainiert. Das nennt man Geheimtraining. Es findet auf der „**KLEINEN KAMPFBAHN**“ oder auf Platz 4 statt. Diese Plätze sind umgeben von einem großen Zaun. Die Fans auf dem Gelände sind natürlich traurig, wenn sie die Profis beim Training nicht beobachten können. Aber für die abgeschirmten Übungseinheiten gibt es Gründe: Die Mannschaft kann ungestört neue Spielzüge einüben. Und: Wenn jeder die neueste Freistoßvariante schon gesehen hat, ist sie im Spiel keine Überraschung mehr. Außerdem nutzen Beobachter der Gegner die Trainingseinheiten gerne, um neue Tricks und Taktiken auszuspionieren.

Auswechslung

Zu Beginn einer Saison bekommt die Eintracht nicht nur neue Spieler, sondern auch einen neuen Rasen. Im Sommer finden im Stadion nämlich viele Veranstaltungen auf dem Spielfeld statt und die setzen dem Rasen ordentlich zu. Die neue Spielfläche wird auf großen Rollen geliefert, die wie riesige Tapetenrollen aussehen. Der neue Rasen ist heutzutage schnell spielbereit! Im Idealfall hält er eine komplette Saison. Nur nach einem langen und feuchten Winter oder nach großen Belastungen muss er zusätzlich noch einmal ausgewechselt werden. Ein Rasenwechel kostet übrigens fast 120.000 Euro.

Bühne frei!

Im Sommer räumen die Fußballer das Feld und überlassen das Stadion Robbie Williams, Rihanna, „Grave Digger" oder verschiedenen Löwen. Für diese Veranstaltungen wird der Rasen mit Platten bedeckt und der Deutsche Bank Park verwandelt sich in eine echte Multifunktionsarena.

Kreischalarm im Stadion

Jedes Jahr finden im Stadion große Musikkonzerte statt. Stars wie Madonna, Rihanna, U2, Coldplay oder Depeche Mode haben schon in Frankfurt haltgemacht. Meist bringen die Bands ihre eigene Bühne mit, die dann auf dem Spielfeld aufgebaut wird. Manche Bühnen sind so hoch, dass man das Dach nicht mehr schließen kann. 2006 hatte Robbie Williams einen besonderen Wunsch: Er wollte auch einmal im Stadion Fußball spielen. Der Sänger trat mit seinem Team gegen die U23-Mannschaft der Eintracht an. Im Mai 2022 wurde es sehr laut im Stadion: Rund 70.000 Fans wollten ihre K-Pop-Stars sehen. Die überwiegend weiblichen Fans bejubelten jede Bewegung, jedes Wort und jedes Lächeln ihrer Idole mit lautstarkem Kreischen. Die koreanischsprachige Musik K-Pop begeistert weltweit die Jugend – und macht regelmäßig auch in Frankfurt Station.

Monstertrucks

Im Oktober 2016 traten „Grave Digger", „Max-D", „Toro Loco" und „Scooby-Doo" zum ersten Mal in Frankfurt gegeneinander an. Natürlich nicht bei einem Fußballspiel, sondern beim ersten Monstertruck-Rennen im Stadion. Die bis zu vier Meter hohen Ungetüme werden von 1.500 PS starken Motoren angetrieben und beschleunigen in drei Sekunden von null auf hundert. Im Stadion wurden für das rasante Ereignis extra Berge aus Erde aufgeschüttet, über die die Monstertrucks fahren. Bei ihren atemberaubenden Sprüngen fliegen sie bis zu 30 Meter weit und manchmal schlagen sie sogar Saltos.

Live dabei

Bei Welt- und Europameisterschaften wird im Deutsche Bank Park regelmäßig Deutschlands größte Leinwand aufgebaut. In manchen Jahren ist sie sogar die größte der Welt – zum Beispiel im Sommer 2014 mit 412 Quadratmetern. Die Fans können sich dann die Spiele der Nationalmannschaft im Stadion anschauen – und haben das Gefühl, live dabei zu sein. Als Deutschland 2014 in Brasilien den Weltmeistertitel gewann, feierten 50.000 Fans ausgelassen im Stadion. Der Jubel war aber gar nichts gegen den, den es im Stadion am 18. Mai 2022 gab. Da wurde das UEFA Europa League-Finale gegen die Glasgow Rangers live übertragen. Diesmal waren auch auf den Vorplätzen noch Leinwände aufgestellt, sodass 55.000 Eintrachtler den Titelgewinn ihrer Adlerträger feierten.

Eishockey im Stadion!?

Ja, Du hast richtig gelesen, das gab es auch schon einmal. Und zwar am 10. September 2016, beim „Summer Game" der Löwen Frankfurt gegen die Kassel Huskies. In Frankfurt kletterte das Thermometer am Spieltag auf über 30 Grad Celsius! Die 30.000 Fans, die den 5:4-Sieg der Huskies live im Stadion verfolgten, hatten trotzdem jede Menge Spaß.

Weltrekord im Handball

Am 6. September 2014 feierten Fans im Stadion den „Tag des Handballs". Auf dem Programm standen eine Partie, bei der Prominente und ehemalige Weltklassespieler bunt gemischt gegeneinander spielten, Turniere für Jugendliche und als Höhepunkt das Bundesligaspiel der Rhein-Neckar Löwen gegen den HSV Hamburg, das die Löwen 28:26 gewannen. Ein unvergessliches Erlebnis für Spieler und Fans, inklusive Weltrekordkulisse: 44.189 Zuschauer waren bei der Handballparty dabei.

WELTMEISTERWISSEN

Das Stadion in Frankfurt befindet sich in einer parkähnlichen Anlage, hier gibt es über 3 Kilometer Waldwege. Entlang der Wege gibt es einen Trimm-Dich-Pfad mit 9 Stationen. Komm doch mal mit Deinen Eltern am Wochenende vorbei und Trimm-Dich im Stadion!

Im Einsatz . . .

Nicht nur Spieler und Trainer geben im Stadion ihr Bestes. Damit an einem Spieltag alles reibungslos läuft, ist auch abseits des Rasens echte Teamarbeit gefragt.

. . . für die Sicherheit

Sobald die Stadiontore öffnen, müssen die Besucher ihre Eintrittskarte, die auf dem Handy hinterlegt ist, in einen Scanner halten. Der erkennt, ob die Karte in Ordnung ist. Danach kontrollieren die Sicherheitsmitarbeiter alle Zuschauer. Manche eigentlich harmlosen Gegenstände sind nämlich im Stadion nicht erlaubt, weil sie dort in den engen Zuschauerbereichen eine Gefahr für andere darstellen könnten – zum Beispiel Dosen, Glasflaschen, Werkzeuge oder auch zu große Kameras. Natürlich sind Gegenstände, die außerhalb eines Stadions verboten sind, auch im Stadion nicht erlaubt – zum Beispiel Waffen oder sogenannte Pyrotechnik, also Böller, Raketen, Rettungsfackeln oder Rauchkörper. Der Ordnungsdienst sorgt dafür, dass solche Gegenstände nicht ins Stadion gelangen. Das klappt häufig gut, ist aber bei so vielen Menschen im Stadion nicht einfach und daher nicht immer zu verhindern. An einem durchschnittlichen Spieltag sind rund 800 Mitarbeiter für den Ordnungsdienst im Einsatz.

. . . für den Rasen

Im Stadion arbeiten zehn Gärtner, die in der Fachsprache „Greenkeeper" heißen. Sie sind dafür verantwortlich, dass der Rasen immer in einwandfreiem Zustand ist. Dreimal pro Woche mähen sie das Hauptfeld im Stadion mit einem Triplexmäher. Dafür brauchen die Greenkeeper jeweils drei Stunden. Diese Experten kümmern sich aber nicht nur um das Hauptfeld, sondern auch um die Trainingsplätze und den Sportplatz an der Wintersporthalle.

. . . für hungrige Gäste

50.000 Zuschauer feuern die Profispieler im Stadion an und die haben spätestens in der Halbzeitpause mächtig Hunger und Durst. Rund um das Stadion gibt es Kioske, an denen sich die Fans stärken können. Im VIP-Bereich sind Buffets für die Gäste aufgebaut. Wer das Spiel im VIP-Bereich verfolgen möchte, muss sich aber eine recht teure Eintrittskarte kaufen. An jedem Spieltag sind 700 Mitarbeiter nur dafür zuständig, dass alle Gäste etwas zu essen und zu trinken bekommen. Einige Mitarbeiter arbeiten als Köche in den Großküchen, andere verteilen die Speisen an alle Kioske im Stadion – und wieder andere kassieren das Geld für Würstchen, Cola & Co. Schließlich gibt es noch die Mitarbeiter in der Spülküche – sie sorgen dafür, dass am Spieltag mehr als 8.000 benutzte Teller blitzschnell wieder blitzsauber sind. Dafür haben sie aber zum Glück riesige Spülmaschinen.

… für Fans

Im Fanshop ist am Spieltag ganz schön viel los. Rund 30 Mitarbeiter sorgen dafür, dass jeder Fan vor dem Anpfiff noch einen Schal, ein Trikot oder eine Eintracht-Mütze bekommt. Und wem der Weg in den Fanshop zu weit ist: Rund um die Eingänge gibt es Zelte und Fanmobile, an und in denen weitere Fanartikel verkauft werden.

… für spannende Geschichten

Rund um den Trainingsplatz versammeln sich viele Fernsehteams. Schließlich sind die Fans neugierig auf alle Geschichten rund um die Eintracht. Deshalb führen die Journalisten immer viele Interviews mit Spielern oder Offiziellen. Ein besonderes Fernsehteam ist jeden Tag auf dem Gelände und hat sogar ein eigenes Büro in der Geschäftsstelle der Eintracht: die Kollegen von EintrachtTV. Das ist ein Fernsehsender, der ausschließlich Videos rund um die SGE dreht, die sich jeder im Internet anschauen kann. Auch die Mitarbeiter, die für die sozialen Medien verantwortlich sind und viele Infos und Bilder posten, sind immer ganz nah am Geschehen. Viele Fans haben EintrachtTV abonniert oder folgen dem Verein in den sozialen Medien, damit sie immer auf dem Laufenden sind, was am und im Stadion passiert.

„Im Winter sind die Sitzkissen der Verkaufsschlager, da verkaufen wir bei einem Spiel manchmal 500 Stück. Im Sommer kaufen die Fans eher Kappen oder T-Shirts. Doch der bestverkaufte Fanartikel bleibt der schwarz-weiß-gestreifte Schal.“

Britta Volk,
Fanshop Stadion

Wer an Spieltagen zum Arbeiten auf das Stadiongelände will, muss einen „Arbeitsausweis“ vorzeigen.

… gegen ungebetene Gäste

Auch wenn kein Heimspiel im Stadion stattfindet, passen Mitarbeiter auf das Stadion auf. Sie sitzen in einem kleinen Büro in der Haupttribüne und bewachen von dort aus das ganze Gebäude. Auf unzähligen Bildschirmen sehen sie, was im Stadion passiert. Abends müssen sie alle Tore verschließen, damit keine ungebetenen Gäste kommen.

AM SPIELTAG

Was ist eine **Regiebesprechung?**

Wann kommt die **Mannschaft ins Stadion?**

Was macht ein **Zeugwart?**

Welche **Maße** hat ein **Fußballtor?**

indeed
Jobs finden
8
36

Aufwärmphase

Die meisten Bundesligaspiele werden samstags um 15.30 Uhr angepfiffen. Aber schon viele Stunden vorher ist am Stadion jede Menge los.

Wann ist eigentlich Spieltag? Wenn die Eintracht eine Bundesligapartie bestreitet, dann meistens an einem Samstag oder Sonntag. Ab und zu spielt die Elf auch freitags um 20.30 Uhr. Und zweimal pro Saison finden die „englischen Wochen" statt – dann tritt die Eintracht auch dienstags oder mittwochs abends an. Die unbeliebten Montagsspiele wurden zum Glück abgeschafft. Und natürlich spielt die Eintracht unter der Woche auch oft und gerne im DFB-Pokal – und mittlerweile regelmäßig in europäischen Wettbewerben. Die UEFA Europa League spielt donnerstags und die UEFA Champions League dienstags und mittwochs.

Die Fans dürfen ihre Banner schon aufhängen, wenn das Stadion noch gar nicht offiziell geöffnet ist.

Das passiert vor dem Anpfiff an einem gewöhnlichen Heimspiel-Samstag, wenn die Partie um 15.30 Uhr beginnt:

- Ab 8.00 Uhr stehen die **Ordner an den Eingängen des Stadiongeländes**, während die Vorbereitungen auf das Großereignis beginnen.

- Die Fernsehsender bauen ihre **Kameras** im Stadion auf – über 16 feste Kamerastandorte gibt es bei einem Heimspiel. Rund um das Spielfeld werden die mobilen Werbebanden aufgestellt.

- Der Platz wird ein letztes Mal gemäht, die **Linien werden gezogen** und zum Schluss die Tore aufgestellt und fest verankert. Nur die Eckfahnen müssen sich noch bis kurz vor dem Spiel gedulden.

VIP-BEREICH

- Die Verkaufsstände und Kioske werden mit Essen und Getränken ausgerüstet. Über 400 der insgesamt 700 Catering-Mitarbeiter kommen hier zu ihrem Arbeitseinsatz. Im **VIP-Bereich** des Deutsche Bank Parks arbeiten ab dem frühen Morgen Köche und Servicepersonal daran, dass alles fertig ist, sobald sich die Pforten für die Ehrengäste öffnen.

DEUTSCHES ROTES KREUZ

- Vier Stunden vor Anpfiff beginnen Polizei, Feuerwehr und **Deutsches Rotes Kreuz** im Stadion mit ihren Einsatzbesprechungen.

MANNSCHAFTSKABINE

- Die Zeugwarte der Eintracht richten die **Mannschaftskabinen** ein und sorgen dafür, dass das Material für Spieler und Trainer griffbereit ist. In jedem Spind hängen die Namen und die Trikots der Spieler, die zum Einsatz kommen. Fein säuberlich gestapelt und sortiert findet jeder Spieler vor seinem Spind auch seine Aufwärmkleidung und die frisch geputzten Fußballschuhe.

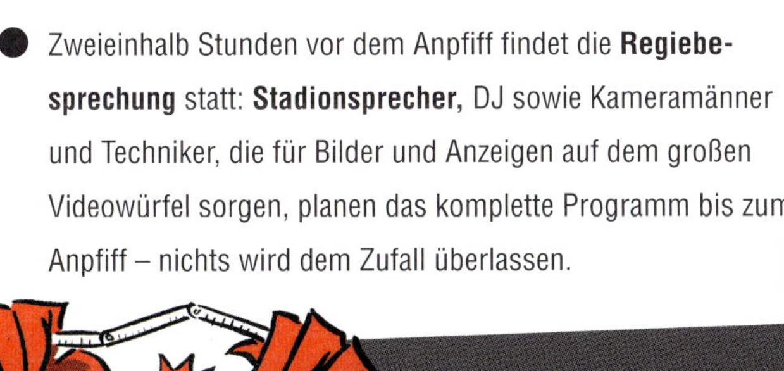

- Zweieinhalb Stunden vor dem Anpfiff findet die **Regiebesprechung** statt: **Stadionsprecher,** DJ sowie Kameramänner und Techniker, die für Bilder und Anzeigen auf dem großen Videowürfel sorgen, planen das komplette Programm bis zum Anpfiff – nichts wird dem Zufall überlassen.

REGIEBESPRECHUNG

WELTMEISTERWISSEN

Viele Fußballstars kommen heute aus Brasilien, Argentinien oder Spanien. In der Anfangszeit des Fußballs haben Vereine ganz besonders nach englischen Spielern Ausschau gehalten, auch in Frankfurt. Englische Kicker galten als exzellente Ballkünstler. Auch die krummen Maße der Fußballtore stammen aus England. Ein Tor in England war acht Fuß hoch und acht Yards breit – das ist umgerechnet eine Höhe von 2,44 Metern und eine Breite von 7,32 Metern.

Countdown

Zwei Stunden vor dem Anpfiff öffnet das Stadion die Eingangstore für die Zuschauer. Immer mehr Fans strömen auf das Gelände und auch die Spieler machen sich bereit für ihren großen Auftritt. Wir zeigen Dir, was unmittelbar vor Spielbeginn auf dem Rasen und den Nebenschauplätzen passiert.

90 Minuten vor dem Anstoß:

Die Mannschaftsbusse erreichen das Stadiongelände. Sie fahren durch die Zuschauermenge bis vor die Haupttribüne und parken in einer Einfahrt im Inneren der Arena. Von dort gehen die Spieler in ihre Kabinen. Etwa zur selben Zeit treffen die Schiedsrichter ein. Ein Mitarbeiter der Eintracht holt sie in ihrem Hotel ab und chauffiert sie zum Stadion.

1 Stunde vor Spielbeginn:

Der Stadionsprecher begrüßt die Zuschauer und das Rahmenprogramm beginnt.

Noch 40 Minuten:

Die Torhüter kommen zum Aufwärmen auf den Platz.

Noch 35 Minuten:

Die Mannschaft betritt das Feld und startet ihr Aufwärmprogramm – am Spielfeldrand geben die Trainer die letzten Fernsehinterviews.

Noch 8 Minuten:

Die Mannschaften gehen in ihre Kabinen und ziehen ihre Trikots an – die Trainer geben die letzten Instruktionen.

Noch 7 Minuten:

45.000 Kehlen singen Eintrachts Vereinshymne „Im Herzen von Europa“.

Noch 5 Minuten:

Der Stadionsprecher gibt gemeinsam mit den Fans die Mannschaftsaufstellung von Eintracht Frankfurt bekannt. Die Spieler erscheinen auf dem Videowürfel.

Noch 3 Minuten:

Die Mannschaften betreten zu „Schwarz-weiß wie Schnee" den Rasen, begrüßt von einem Fahnenmeer und immer wieder einzigartigen Choreografien der Fans in der Nordwestkurve, dem Wohnzimmer der Eintracht-Anhänger.

15.30 Uhr:

Das Spiel beginnt. 90 Minuten und eine Halbzeitpause später wird es beendet sein.

Nach dem Abpfiff:

Die Mannschaft lässt sich feiern oder trösten. Es folgen zahlreiche Interviews mit Fernsehsendern am Spielfeldrand und in der Mixed Zone. Dann beginnt im Pressekonferenzraum die offizielle Pressekonferenz mit beiden Trainern. Sie wird auch auf den Videowürfel und in die VIP-Bereiche übertragen.

Einige Spieler müssen eine Dopingprobe abgeben. Dopingkontrolleure des DFB losen kurz vor Spielende aus, welcher Spieler kontrolliert wird. Bis die Probe abgegeben ist, können schon mal Stunden vergehen. Denn die Spieler haben ihre Flüssigkeit während der Partie ausgeschwitzt. Deshalb müssen sie sehr viel trinken, um möglichst schnell eine Urinprobe abgeben zu können.

Die Aufräumarbeiten beginnen direkt nach dem Spiel: Werbebanden abbauen und einlagern, Rasen pflegen – im Winter rollt dafür das Solarium auf das Spielfeld. Es sorgt dafür, dass der Rasen sich von den Strapazen erholen und auch in der kalten Jahreszeit nachwachsen kann. Die Kioske und Verpflegungsstände werden aufgeräumt und abgeschlossen, die Fernsehsender müssen ihre Kameras und Kommentatorenplätze wieder abbauen. Zwei Stunden nach Spielende müssen alle Besucher, auch die VIP- und Ehrengäste, das Stadion verlassen haben.

Polizei und Feuerwehr sind dann auch schon weg. Der Sicherheitsbeauftragte und Veranstaltungsleiter macht die letzten Aktenvermerke zum Spieltag und, wenn die Lichter schon längst ausgegangen sind, schließen die Mitarbeiter der Betreibergesellschaft den Deutsche Bank Park wieder ab. Der nächste Spieltag kann kommen …

Gestatten: Attila!

Der majestätische Steinadler ist bei jedem Heimspiel dabei. Die Eintracht-Fans sind sehr stolz darauf, dass in Frankfurt kein Stoffmaskottchen durch das Stadion hüpft. Attila ist ein echter, quicklebendiger Glücksbringer! Das war aber nicht immer so …

Liebe auf den ersten Blick

Ein Mitarbeiter der Eintracht hatte 2005 einen kleinen, aber sensationellen Einfall. Er besuchte mit Freunden eine Greifvogel-Flugshow in Hanau. Der Steinadler, den Norbert Lawitschka vor den Besuchern fliegen ließ, gefiel ihm besonders. Und so fragte er einfach, ob der Falkner mit seinem Adler nicht einmal zur Eintracht kommen könne – vielleicht sogar zur Fankurve? Norbert Lawitschka fragte seinen gefiederten Schützling – und der war zum Glück einverstanden! So kamen die beiden ins Stadion. Die Fans waren begeistert von dem Glücksbringer für die Eintracht. Attila bekam eine Dauerkarte, eine eigene Autogrammkarte und 2006 reiste er anlässlich des Pokalfinales in Berlin zum ersten Mal zu einem Auswärtsspiel. Heute hat Attila sogar ein eigenes Auto, das „Attila-Mobil" – und natürlich einen eigenen Fanschal!

Ein Adler in der Kabine

Attila ist nicht der erste quicklebendige Adler bei der Eintracht. In der Saison 1993/94 spielte die Eintracht herausragend Fußball und holte zu Beginn der Runde viele Punkte. Nach zehn Spieltagen stand sie mit gewaltigem Abstand an der Tabellenspitze – ganz Frankfurt träumte von der deutschen Meisterschaft. Trainer Klaus Toppmöller wollte seine Spieler motivieren, damit das mit der Meisterschaft auch wirklich klappt. Er organisierte einen echten Steinadler, der vor dem Spiel in die Mannschaftskabine gebracht wurde. Toppmöller erklärte den Spielern, dass ein Adler seine Beute niemals hergibt – und sie sollten ihr Ziel, den Gewinn des Meistertitels, ebenfalls nicht mehr aufgeben. Damals staunte ganz Deutschland über diese Art der Motivation. Doch das Ganze hat nicht funktioniert – die Eintracht wurde leider nicht deutscher Meister.

Attilas Steckbrief

Geburtstag: 30. April 2004
Geburtsort: Ausgerechnet Bayern! Aber Attila kam schnell nach Hessen – und wurde Glücksbringer der Eintracht.
Gewicht: 3,9 Kilogramm
Flügelspannweite: 1,90 Meter
Lieblingsessen: Kaninchenschenkel, Taubenstücke und kleine Hähnchen
Position: Maskottchen
Besonderheiten: Viele Spieler streicheln Attila vor dem Anpfiff, weil sie glauben, das bringe Glück. Es gab sogar schon Spieler, die sich eine seiner Federn als Glücksbringer in den Schienbeinschoner gesteckt haben.

Verwechslungsgefahr

Als die ersten Eintrachtler begannen, Fußball zu spielen, brauchten sie natürlich ein Vereinswappen. Also entschieden sie sich kurzerhand für den Frankfurter Stadtadler. Auf diese Idee kamen aber noch andere Frankfurter Vereine, sodass die Wappen sehr schwer zu unterscheiden waren. Also gestalteten die Vereine ihre Adler ein wenig um: Der Eintracht-Adler wurde etwas runder, der des FSV Frankfurt ein wenig länger und der Adler der Germania bekam ganz viele Flügelschwingen.

Das Leben ist kein Ponyhof

Auf alten Eintracht-Bildern siehst Du hinter dem Tor ein Pony stehen. Und noch heute schwenken einige Anhänger in der Fankurve Fahnen, auf denen das Pony zu erkennen ist. Was soll das denn sein, fragst Du Dich jetzt vielleicht, ein Pony bei den Adlern? Die Erklärung: In den 1970er-Jahren schuf eine Frankfurter Brauerei, damals Sponsor der Eintracht, ein Maskottchen für „ihren" Verein. Das Pony sollte das Pferd eines Brauereiwagens symbolisieren. Und weil ein Getränk auf Frankforderisch „Schoppe" heißt, bekam das Maskottchen den Namen „Schöppchen". Schöppchen stand einige Jahre bei Spielen hinter dem Tor und schaute der Eintracht zu. Das Pony lebt leider schon lange nicht mehr – aber so entstand die Idee für ein lebendiges Maskottchen!

„Attila hat sich ganz schnell einen Platz in den Herzen der Fans gesichert."

Norbert Lawitschka, Falkner

Der Adler, den Du heute auf den Trikots der Eintracht findest, sah nicht immer so aus. In den 1980er-Jahren wollte man modern sein und hat ihn ein wenig rund gemacht. 1999 gab es dann wieder den ursprünglichen Adler, um den 100. Geburtstag der SGE zu feiern. Du siehst also: Die Wappen der Eintracht waren im Laufe der Zeit sehr unterschiedlich – aber der Adler ist immer geblieben.

DIE FANS

Wie funktionieren die **Choreografien**?

Wie viele **Eintracht-Fanclubs** gibt es?

Wenn ich einen **Ball** fange – darf ich den behalten?

Wie laut ist ein **Torjubel**?

Aus der Kurve

Ohne sie geht gar nichts: Die Eintracht-Fans sorgen für Stimmung und Gänsehautatmosphäre im Stadion. Und manchmal können sie ihre Mannschaft sogar dazu bringen, eine fast sichere Niederlage in einen Sieg zu verwandeln – mit ihren Fahnen, Liedern, Choreografien und Anfeuerungsrufen …

So funktioniert das Ticketing

Wie schafft es die Eintracht eigentlich, für jedes Spiel 51.500 Eintrittskarten zu verkaufen? Das ist ganz einfach: 30.000 Fans haben eine Dauerkarte, das heißt, sie besitzen für alle Spiele der Saison eine Eintrittskarte. Nur wenn die Eintracht im Pokal oder in einem europäischen Wettbewerb ein Heimspiel bestreitet, müssen sie für ihren angestammten Sitzplatz eine Karte nachkaufen. Zehn Prozent der Tickets, also mehr als 5.000 Stück, gehen an den Gastverein, damit auch Bayern- oder Dortmund-Fans die tolle Atmosphäre in Frankfurt erleben können. Damit sind schon über 35.000 Karten vergeben. Die verbliebenen gut 16.000 werden an Vereinsmitglieder, die keine Dauerkarte besitzen, verkauft. Schon kurz nach dem Vorverkaufsstart gibt es in vielen Blöcken keine freien Plätze mehr. Für Nachwuchsmannschaften steht immer ein Vereinskontingent zu besonders günstigen Preisen zur Verfügung. Frag mal Deinen Trainer, ob er nicht Lust hat, für Euren Verein einen Ausflug zur Eintracht zu organisieren!

Das ist ein Konfettiregen. Sieht toll aus, aber die Mitarbeiter des Reinigungsdienstes haben danach viel zu tun.

Ein Schal, viele Motive

Einen echten Fan erkennt man am Schal. Im Fanshop gibt es über zehn verschiedene Eintracht-Schals zu kaufen und jedes Jahr werden andere Motive produziert. Manchmal stehen auf den Schals die großen Erfolge des Vereins, manchmal die Namen von Spielern und meistens einfach nur „Eintracht Frankfurt“ oder „SGE“. Der beliebteste Schal ist noch einfacher, er ist schwarz-weiß-gestreift und heißt „Black & White“. So einen Schal besaßen auch schon Deine Eltern und Großeltern. Zumindest Oma und Opa haben ihn aber nicht im Fanshop gekauft – damals ließen sich die jungen Fans ihren Schal noch stricken oder sie griffen einfach selbst zu Stricknadel und Wolle.

Vom Trikot bis zur Badeente

Das Fanartikel-Sortiment der Eintracht besteht aus über 800 verschiedenen Produkten. Neben den Schals sind natürlich die aktuellen Trikots jedes Jahr der Renner bei den Fans. Viele Sammler statten sich zu jeder Saison nicht nur mit dem Heim-, sondern auch mit dem Auswärts- und sogar dem Ausweichtrikot aus. Aber es gibt auch viele Artikel, die die Eintracht-Anhänger nicht für den Stadionbesuch benötigen. Dafür sind sie im Alltag nützlich. So wie das Schulsortiment, mit dem Du in Deiner Klasse stolz den Adler zeigen kannst. Oder der Toaster, der Dir auf Deinen Frühstückstoast das Adler-Logo zaubert. Badeenten gibt es überall, aber nur die von der SGE stimmen „Im Herzen von Europa“ an, wenn sie mit Wasser in Berührung kommen. Und wenn Du Deine Leidenschaft auch außerhalb der eigenen vier Wände zeigen möchtest, eignen sich dafür die Eintracht-Gartenzwerge ganz wunderbar. Als Steigerung kannst Du Deine Eltern dann nur noch bitten, die Gullydeckel vor der Hauseinfahrt durch solche mit dem Eintracht-Adler zu ersetzen.

Echte Freunde

Eintracht-Fans sind immer unterwegs. Alle zwei Wochen feuern sie im Stadion die SGE an. Viele begleiten die Mannschaft auch zu den Auswärtsspielen, meist sind zwischen 3.000 und 10.000 Fans vor Ort. Um sich besser zu organisieren – oder weil sie einfach gut befreundet sind –, gründen die Anhänger Fanclubs. Ihre Mitglieder reisen oft gemeinsam zu den Spielen. Bei der Eintracht gibt es über 1.100 Fanclubs mit insgesamt mehr als 80.000 Mitgliedern – der größte bringt es auf über 700. Richtig alte Fanclubs wurden schon in den 1970er-Jahren gegründet. Ein Fanclub, der etwas auf sich hält, hat natürlich eine eigene Fahne oder ein eigenes Banner. Es gibt auch viele Fanclubs mit richtig lustigen Namen, zum Beispiel den „EFC Schietwedder“ – der kommt aus Hamburg und heißt so, weil das Wetter in der norddeutschen Metropole oft schlecht ist. Wenn Du einen Fanclub gründen möchtest, freut sich die Eintracht. Wende Dich einfach an die Fanbeauftragten, die helfen Dir gerne.

Ein eigenes Zuhause

An der S-Bahn-Station „Louisa“ steht mitten im Wald ein kleines, buntes Haus, auf dem Du ganz viele Eintracht-Adler sehen kannst. Das ist das Fanhaus Louisa. Viele Jahre haben die Anhänger der SGE für ein eigenes Haus gekämpft. Hier wollten sie Partys feiern, Fahnen nähen, Choreografien vorbereiten oder einfach nur Tischkicker spielen. Vor fast 20 Jahren hat das „Frankfurter Fanprojekt“ dann das alte Bahnhäuschen übernommen und begonnen, es umzubauen, zu renovieren und zu bemalen. Heute ist das Fanhaus Louisa einer der wichtigen Treffpunkte der Eintracht-Anhänger.

Kein Spiel ohne Choreografie

Immer wieder lassen sich die Fans tolle Ideen einfallen, um großformatige Bilder auf der Tribüne zu zeigen. Das funktioniert meist mit großen farbigen Pappen. Zunächst überlegen sich die Fans ein Motiv. Dafür haben sie einen Plan der Nordwestkurve auf dem Computer. Darauf können sie die unterschiedlichen Farben einzeichnen. Am Spieltag kommen dann ganz viele Helfer und legen auf jedem Sitz eine Pappe aus, so, wie es die Fans zuvor geplant haben. Und wenn dann zu Spielbeginn die Zuschauer ihre Pappen hochhalten, entsteht eine tolle Choreografie. Beim Pokalfinale 2018 in Berlin haben die Eintracht-Fans eine Fahne über die Fankurve gezogen, die so groß war, dass sie in einem Lastwagen in die Hauptstadt transportiert werden musste.

Laut!

Die Eintracht-Fans in der Nordwestkurve sind wohl die lautesten und stimmungsvollsten der Liga. Damit alle das Gleiche singen oder rufen, greifen die Vorsänger – „Capos“ genannt – meistens zu Megafonen, damit die gesamte Kurve sie hören kann. Das ist gerade bei der Umsetzung großer und komplizierter Choreografien wichtig. Diese Jungs verpassen mitunter auch mal wichtige Spielszenen, weil sie sich mit dem Rücken zum Spielfeld drehen müssen, um die Kurve und die Stimmung besser sehen und erfühlen zu können. Das Ganze funktioniert wie in einem Chor. Manchmal muss es aber auch ohne Megafon klappen. Dann allerdings brauchen die Stimmbänder der Capos auch eine ganze Woche Erholung, um zum nächsten Spiel wieder fit zu sein.

WELTMEISTERWISSEN

Hättest Du gedacht, dass der Jubel im Stadion nach einem Eintracht-Tor genauso laut ist wie ein startendes Flugzeug? Das Flugzeug bringt es auf 140 Dezibel, ein Torjubel der Eintracht auf 130 Dezibel. Damit ist die Eintracht auch lauter als eine Kettensäge (120 Dezibel) und ein Rockkonzert (110 Dezibel).

WELTMEISTERWISSEN

Immer wieder landen Fehlpässe, Fehlschüsse oder Querschläger im Publikum. Große Netze, die das zum Schutz der Zuschauer verhindern sollen, hängen zwar hinter den Toren, aber die Bälle landen dennoch immer wieder auf den Tribünen. Vielleicht fängst Du ja mal einen. Den darfst Du leider nicht behalten und musst ihn zurückwerfen, damit das Spiel weitergehen kann. Auch wenn es rund ums Spielfeld eine ganze Menge Ersatzbälle gibt ...

Große Kunst

Manchmal ziehen die Fans in der Nordwestkurve Fahnen über die Köpfe der Zuschauer, die größer sind als ein Flugzeug. Bemalt werden diese Fahnen in riesigen Fabrikhallen. Dort treffen sich abends ganz viele Eintracht-Anhänger, die die Motive mit einem Beamer an die Wand vergrößern – und an diese Wand den Stoff für die Fahnen hängen. Diese Fahnen sind oft so riesig, dass zum Beispiel nicht der ganze Adler Attila vergrößert werden kann, sondern zunächst nur seine erste linke Kralle. Wenn die gemalt ist, kommt die zweite linke Kralle an die Reihe, dann die dritte.

Fahnenmeer

Die Fans schwenken riesige Fahnen. Das ist gar nicht so einfach, denn die meterhohen Fahnen sind oft sehr schwer. Wenn Du den Fanblock beobachtest, siehst Du, dass sie oft während des gesamten Spiels geschwenkt werden. Die jungen Fans finden das toll, weil das Stadion so permanent in ein „Fahnenmeer" getaucht ist. Frag mal Deinen Papa oder Opa, oftmals finden die das dauernde Fahnenschwenken gar nicht so klasse. Wenn Du nämlich genau hinter einer solchen Fahne stehst, siehst Du nicht mehr viel vom Spiel. Als Papa jung war, wurden die Fahnen nach Toren geschwenkt. Und bei der Mannschaftsaufstellung. Sonst nicht!

Vollendet!

2017 hat die Eintracht im Pokalfinale gegen Borussia Dortmund unglücklich verloren. Alle Eintrachtler haben sich damals geschworen: „Wir kommen wieder und werden vollenden." Ein Jahr später stand sie wieder im Finale. Gegen Bayern München! Und die Eintracht hat vollendet – und den DFB-Pokal zum fünften Mal nach Frankfurt gebracht. Die Fans bereiteten der Mannschaft natürlich einen gigantischen Empfang!

Der 12. Mann!

Jeder Verein bekommt für das Finale 20.000 Karten für die eigenen Anhänger. Zu wenig! Deshalb haben sich viele Eintrachtler auf anderen Wegen ihre Karten organisiert. Als das Pokalfinale angepfiffen wurde, waren über 30.000 Eintracht-Fans im Stadion. Und die zeigten zum Anpfiff wieder eine bunte Choreografie. Jeder hatte auf seinem Sitz ein weißes T-Shirt liegen mit dem Aufdruck „12" als Hinweis auf den 12. Mann. Dazu lagen auf den Sitzen Tausende Fahnen in den Vereinsfarben. So war die ganze Fankurve in weiße Farbe getaucht. Und als die Fahnen geschwenkt wurden, war die Kurve kunterbunt. 2023 erreichte die Eintracht erneut das DFB-Pokalfinale. Diesmal organisierten sich sogar mehr als 50.000 Eintracht-Fans Tickets für das Spiel. Das Ergebnis haben wir vergessen.

Das Spiel!

Von Beginn an sahen die Fans eine Eintracht, die sich vorgenommen hatte, unbedingt gegen die Bayern zu gewinnen. Alle Spieler rannten und kämpften, wie sich das für ein großes Finale gehört. Die Fans feuerten die Spieler so lautstark an, dass sie noch mehr an Tempo zulegten. Vor seinen beiden Treffern spurtete Ante Rebić seinen Gegenspielern uneinholbar davon und auch als Mijat Gacinovic das Tor zum 3:1-Endstand erzielte, war er mit Ball schneller als Nationalspieler Mats Hummels.

Der Jubel!

Als Mijat Gacinovic in der Nachspielzeit über 70 Meter Richtung Bayern-Tor zurücklegte, um das 3:1 zu erzielen, waren Ersatzspieler, Trainer und Betreuer nicht mehr zu halten: Sie liefen neben dem Spielfeld mit in Richtung Bayern-Tor. Gacinovic sprang nach seinem Treffer über die Bande und rannte in Richtung Fankurve. Auch die Fans waren nicht mehr zu halten: Viele von ihnen hüpften in ihrer Euphorie über den Graben, um zusammen mit den Spielern zu feiern. Das ist natürlich streng verboten! Aber nach ihrem wilden Jubel hüpften sie brav zurück in die Kurve, sodass keiner ihnen den kleinen „Ausflug“ übel nahm.

Die Überraschung!

Für die Ankunft der Mannschaft am Frankfurter Flughafen hatte sich die Flughafenfeuerwehr eine besondere Überraschung ausgedacht: Nachdem das Flugzeug gelandet war, bildeten zwei Feuerwehrautos mit Wasserkanonen eine Fontäne, durch die der Eintracht-Flieger langsam wie durch ein großes Tor rollte. Der Pilot hielt derweil den Pokal aus dem Seitenfenster, der Co-Pilot schwenkte eine Eintracht-Fahne.

Der Empfang!

Die Fans bereiteten der Mannschaft und dem Pokal einen gigantischen Empfang am Römer. Immerhin: Der Pokalsieg 2018 war der erste offizielle Titel für die SGE seit 30 Jahren. Die Siegesfeier in Frankfurt war deshalb viel größer als in anderen Städten. Obwohl das Team erst nachmittags erwartet wurde, musste der Römerberg schon am Vormittag wegen Überfüllung geschlossen werden. Also versammelten sich unzählige Fans entlang der Straßen, auf denen die Spieler im Autokorso einfuhren. So feierten Hunderttausende ihre Eintracht, viele konnten den Pokal kurz berühren, manche küssten ihn sogar. Einige Fans kamen den Autos dabei zu nahe: Der Konvoi fuhr über mehr als 60 Fußzehen – einige Zehen waren danach gebrochen. Die Fans haben sich trotzdem gefreut und der Eintracht sogar Bilder von ihren eingegipsten Zehen geschickt!

Europas beste Mannschaft!

Nach dem DFB-Pokalsieg 2018 waren alle Eintracht-Fans überglücklich. Die SGE hatte nach 30 Jahren wieder einen bedeutenden Titel gewonnen. Hunderte Fans ließen sich Bilder vom Pokalsieg auf Arme, Beine oder Rücken tätowieren. Keiner von ihnen ahnte, dass vier Jahre später die Eintracht den nächsten wichtigen Pokal gewinnen sollte. Am 18. Mai 2022 besiegte die SGE die Glasgow Rangers im Finale der UEFA Europa League mit 6:5 nach Elfmeterschießen. Hunderte Fans mussten sich so auch den UEFA-Pokal tätowieren ...

30.000 in Barcelona

In der Europa League 2021/22 konnte sich die SGE in der Gruppenphase gegen Fenerbahçe Istanbul, Royal Antwerpen und Olympiakos Piräus durchsetzen. Im Achtelfinale besiegte die Mannschaft von Trainer Oliver Glasner Betis Sevilla und erreichte damit das Viertelfinale. Die Auslosung bescherte den großen FC Barcelona als Gegner. Das Heimspiel in Frankfurt endete nach einer tollen Partie vor vollem Haus mit 1:1. Für das Rückspiel in Barcelona hatten sich die Eintracht-Fans verabredet: Sie kauften über alle möglichen Kanäle Eintrittskarten für das riesige Stadion Camp Nou. Obwohl offiziell weniger als 5.000 Fans beim Rückspiel sein durften, waren letztlich über 30.000 Eintrachtler im Stadion. Die SGE siegte mit 3:2 und erreichte das Halbfinale.

Hammers gepackt!

Im Halbfinale traf die Mannschaft von Oliver Glasner auf West Ham United. Schon in der ersten Minute ging die Eintracht in London in Führung, letztlich gewann das Team das Hinspiel mit 2:1. Beim Rückspiel in Frankfurt erhielt West Ham bereits in der 19. Minute nach einer Notbremse eine Rote Karte, fünf Minuten später erzielte Borré das 1:0 für die Adlerträger. Das Ergebnis konnte bis zum Schlusspfiff gehalten werden. Danach stürmten Tausende Fans den Rasen: Die Eintracht stand im Finale.

FINALE

Am 18. Mai 2022 reisten 50.000 Eintrachtler zum Finalort Sevilla, Spanien. Da nur etwa 15.000 Fans eine Eintrittskarte für das ausverkaufte Spiel hatten, feierten die anderen vor großen Bildschirmen oder in Kneipen. Das Finale gegen die Glasgow Rangers war eines der spannendsten Europapokalendspiele aller Zeiten. In der zweiten Halbzeit gingen die Rangers in Führung, Borré konnte jedoch für die Eintracht ausgleichen. Da in der Verlängerung keine der Mannschaften den Siegtreffer erzielte, musste das Elfmeterschießen entscheiden. Kevin Trapp hielt einen Elfmeter und um 23.53 Uhr verwandelte Rafael Borré den finalen Elfmeter zum 6:5-Endstand. Die Eintracht war Europapokalsieger!

Eine Riesenfahne im LKW

Für das Finale in Sevilla organisierten die Eintracht-Fans eine große Choreografie. Tausende Schwenkfahnen und eine große Überziehfahne, die über der Fankurve aufgespannt wurde, wurden per Lkw nach Spanien gebracht. Obwohl mehr Fans der Rangers im Stadion waren, waren die Fans der Eintracht die Lauteren.

Der Empfang!

Auch 2022 gab es zum Pokalgewinn einen großen Empfang am Römer. Als die Mannschaft in Frankfurt landete, gab es in der Stadt ein schlimmes Unwetter. Aber Hunderttausende Menschen blieben trotz Regen, Sturm und Gewitter an den Straßen und am Römer stehen und erwarteten die Helden mit dem Pokal. Fast alle waren patschnass – aber glücklich!

Für Eintracht-Profis!

Wie gut kennst Du Dich mit Eintracht Frankfurt aus?
Teste Dein Expertenwissen mit diesem Quiz. Die Buchstaben ergeben in der richtigen Reihenfolge das Lösungswort.

1 Wie lautet die Abkürzung von Eintracht Frankfurt?

M SCF – Sportclub Frankfurt
N SGE – Sportgemeinde Eintracht
O 1. FFC – 1. Frankfurter Fußballclub

2 Capoeira ist …

S der chinesische Ligapokal.
L der Nachname des ersten Trainers von Eintracht Frankfurt.
O eine brasilianische Kampfkunst.

3 Wie heißt die offizielle Hymne von Eintracht Frankfurt?

A „Die Hesse komme“
R „Im Herzen von Europa“
F „Die Eintracht am Main“

4 Wie oft hat die Eintracht den DFB-Pokal gewonnen?

E Dreimal
U Viermal
D Fünfmal

5 Wie nennen einige Fans die Eintracht manchmal?

I Zicke
W Diva
J Liebling

6 Wie viele Fans begleiteten die Eintracht 2022 zum Europa League-Viertelfinale beim FC Barcelona?

V 5.000
R 15.000
E 30.000

7 Wie heißt der Kids Club?

S Junior Adler
T Eintracht Bambinis
O Frankfurter Kids

8 In der „Mixed Zone“ …

U stoßen die Spieler mit Mixgetränken auf den Sieg an.
P finden Zuschauer Platz, die beide Teams anfeuern.
T treffen sich beide Mannschaften, um gemeinsam aufs Spielfeld zu laufen.

9 Wie wird die Einfahrt des Mannschaftsbusses genannt?

Q Apfel
H Kiwi
K Banane

10 Warum hat das Spielfeld von der Mittellinie aus in beide Richtungen ein leichtes Gefälle?

U Damit das Regenwasser ablaufen kann und die Profis nachher nicht in riesigen Pfützen spielen müssen.
Z Damit der Ball schneller in Richtung Tor rollt und dadurch auch das Spiel an Tempo gewinnt.
Y Es haben sich Regenwürmer unter dem Rasen angesiedelt. Deshalb ist die Erde auf beiden Seiten leicht abgesackt.

11 Warum hat der Rasen auf dem Fußballfeld zwei verschiedene Grüntöne?

M Der Rasen wird mit unterschiedlichen Grassorten eingesät.
R Die Greenkeeper mähen den Rasen in zwei verschiedene Richtungen.
L Die hellen Stellen sind das frischere Gras.

12 In der englischen Woche …

N finden keine Bundesligaspiele statt, da in der englischen Premier League besonders spannende Spiele stattfinden.
T spielen Mannschaften aus der Bundesliga gegen Teams der Premier League.
V gibt es nicht nur am Wochenende, sondern auch unter der Woche Bundesligaspiele.

13 Wie heißt das Maskottchen der Eintracht?

X Steini
E Attila
A Charly

Lösungswort: _ _ _ _ _ _ _ _ _ _ _ _ _

1 2 3 4 5 6 7 8 9 10 11 12 13

Danke!

Dieses Buch ist vor allem durch das Engagement der vielen Eintrachtler zu einem lesenswerten Stoff geworden. Herzlichen Dank an Geschichtenerzähler und Fotografen, Chefs und Mitarbeiter, junge und erfahrene Ballkünstler, Fans und andere Glücksbringer, Museumsdirektoren und Vorstände – für jede Menge Insiderwissen und wertvolle Unterstützung bei der Organisation von Fototerminen. Ein herzliches Dankeschön geht an Nina Bickel für spannende Einblicke und Bilder rund um die Eintracht-Nachwuchsarbeit, an Kathrin Plescher für alles Wissenswerte über die Junior Adler und an Urs-F. Pfeiffer und Patrik Meyer für exklusive Blicke hinter die Kulissen des Deutsche Bank Parks. Wir danken Benjamin Daub vom DFB für die Rechtefreigabe der Bildserie zum 3:1. Nur die SGE!

Bibliografische Information der Deutschen Nationalbibliothek

Die Deutsche Nationalbibliothek verzeichnet diese Publikation in der Deutschen Nationalbibliografie; detaillierte bibliografische Daten sind im Internet über **https://portal.dnb.de** abrufbar.

2. Auflage 2023

in Zusammenarbeit mit Eintracht Frankfurt
Texte: Dr. Tin-Kwai Man, Philipp Reschke, Matthias Thoma
Redaktion: Daniela Mutschler
Illustrationen: Andreas Welter
Illustrationen Adler: Michael Apitz
Layout: Svenja Klein, Giannina Torrano, Petra Drumm
Layout Nachsatz: Dr. Kerstin Dingeldein
Druck: Livonia Print, Lettland

ISBN 978-3-7616-3455-4 Buchausgabe
ISBN 978-3-7616-3350-2 PDF
ISBN 978-3-7616-3349-6 EPUB
ISBN 978-3-7616-3351-9 MOBI

Auch als eBook erhältlich

BILDNACHWEIS
Cambridgeshire Libraries, Cambridgeshire Collection: 12 o.; DEL2Summer Game/City-Press: 41 M.; Petra Drumm: 1, 4 o. r., 4 u. l., 5 o. r., 5 M., 6/7, 8/9 (Karte), 8 M. l., 8 u. l., 11 M. l., 22/23, 24 o., 26 u., 28 M., 32 M., 36 o., 37 o., 38 M., 39 M. l., 42, 43 o., 46, 47 o., 47 u., 48 (60 Min.), 49 (5 Min.), 55 M. u., 57 o., 57 M., 57 u. l.; Eintracht Frankfurt e. V.: 4 M. l. u., 4 M., 8 o. l., 9 o., 9 M. r., 9 u., 14 o. l., 24 u., 25, 26 o., 26 M., 27 o. l., 27 M. l., 28 o., 55 u. l.; Eintracht Frankfurt Fußball AG: 29 u. l., 34 u., 36 u., 50/51, 51 M. r., 51 u. l., 51 o. (Logo Eintracht); Eintracht Frankfurt Museum: 16 M. r., 17 o. l., 17 r., 19 u., 29 u. r., 43 u., 55 M. o., 56 o.; Eintracht Frankfurt Stadion GmbH. 35 M. r., 39 M. r.; Eintracht Frankfurt Stadion GmbH/Harder: 39 o.; Eintracht Frankfurt Stadion GmbH/Patrik Meyer: 40 o., 41 u. M.; Carlotta Erler: 9 M. l., 18 u., 19 o., 19 M.; FC Sheffield: 12/13 u.; Anja Feix, Grubelfabrik: 65; Fotolia/Mechanik: 40/41 M.; Max Galys: 34 M., 47 M.; Hauptamt und Stadtmarketing Frankfurt – Presseamt: 33 M.; Alexander Hesse: 55 o.; Jan Huebner/Eintracht Frankfurt: Vorsatz, 2, 4 M. r., 5 o. l., 8 u. r., 10 o., 11 M. r., 12 o. l., 13 o. l., 14/15 M., 16 o. r., 17 o. M., 21 M. r., 27 o. r., 27 M. r., 27 u. r., 29 o. M., 30/31, 34 o., 35 o. l., 35 M. l., 38 o., 44/45, 48 (außer 60 Min.), 49 (außer 5 Min.), 52/53, 54 M. r., 56 M., 57 u. r., 58, 59, 60, 61 (außer u.); Jan Huebner/Flo Ulrich/Eintracht Frankfurt: 16 l.; Lucas Körner: 61 u.; Monster Jam/Ralf Otterbein: 40 u. r.; Reiner Pfisterer/Eintracht Frankfurt Stadion GmbH: 41 o.; Heiko Rohde: 18 o.; Joachim Storch: 29 o. r.; Matthias Thoma: 37 u., 38 u.; Vereinsarchiv Eintracht Frankfurt: 4 M. l. o., 10 M., 10 u. l., 11 o., 13 o. r., 13 M. r., 14 o., 14 M. r., 14 u. r., 15 o., 15 M. r., 15 u. r., 16 M. r., 16 u. r., 17 M. r., 17 u. r., 29 M. l., 32, 33 o., 33 u., 51 u. r., 51 o. (Logo Germania 94 und Logo FSV), 54 M.; Andreas Wolf: 4 o. l., 5 u., 8 M., 10 u. r., 20/21, 28 u., 35 u. r., 43 M. r., 50 M. r., 54 o., 54 u. r., 56 u.

Titel: Carlotta Erler: u. r.; Jan Huebner: u. M.; picture alliance / SVEN SIMON / Anke Waelischmiller/Sven Simon: o.
Buchrückseite: Petra Drumm: u. l., u. r.; Eintracht Frankfurt e. V.: u. M.; Alexander Hesse: o. l.; Jan Huebner/Eintracht Frankfurt: o. M., o. r., M. l., u. l. (Spieler)

DFB-Pokalfinale 2018: Wie Mijat Gacinovic den Frankfurter Sieg klarmachte